中等职业教育课程改革规划新教材

# 职业道德与法律

ZHIYEDAODE YU FALÜ

主　审　文　燕
主　编　傅绍周
副主编　陈　莉　蔡　斌　陈　尧　李重明
　　　　王宜奎　王家旺　沈　超
编　委　古　伟　李咏梅　唐秀春
　　　　唐亦晓　韦炳耀

四川大学出版社
·成　都·

特约编辑：金　哲
责任编辑：楼　晓
责任校对：欧风偃
封面设计：原谋设计工作室
责任印制：王　炜

**图书在版编目(CIP)数据**

职业道德与法律 / 傅绍周主编. —成都：四川大学出版社，2012.7
ISBN 978-7-5614-5982-9

Ⅰ.①职…　Ⅱ.①傅…　Ⅲ.①职业道德－中等专业学校－教材②法律－中国－中等专业学校－教材　Ⅳ.①B822.9②D92

中国版本图书馆 CIP 数据核字（2012）第 154719 号

书名　**职业道德与法律**

| | |
|---|---|
| 主　　编 | 傅绍周 |
| 出　　版 | 四川大学出版社 |
| 地　　址 | 成都市一环路南一段 24 号（610065） |
| 发　　行 | 四川大学出版社 |
| 书　　号 | ISBN 978-7-5614-5982-9 |
| 印　　刷 | 郫县犀浦印刷厂 |
| 成品尺寸 | 185 mm×260 mm |
| 印　　张 | 9.25 |
| 字　　数 | 225 千字 |
| 版　　次 | 2012 年 7 月第 1 版 |
| 印　　次 | 2020 年 10 月第 4 次印刷 |
| 定　　价 | 18.00 元 |



◆读者邮购本书，请与本社发行科联系。
电话：(028)85408408/(028)85401670/(028)85408023　邮政编码：610065
◆本社图书如有印装质量问题，请寄回出版社调换。
◆网址：http://press.scu.edu.cn

# 编写说明

为贯彻《国务院大力发展职业教育的决定》精神，落实《中共中央关于进一步加强和改进未成年人思想道德建设的若干意见》，加强和改进中等职业教育学校德育教学工作，确保新一轮中等职业教育教学改革顺利进行，教育部颁布了新修订的《中等职业学校德育课课程教学大纲》。本书就是根据新大纲中的《职业道德与法律教学大纲》编写。

本教材的总体目标是帮助学生了解文明礼仪的基本要求、职业道德的作用和基本规范，陶冶道德情操，增强职业道德，树立职业道德行为好习惯；指导学生掌握与日常生活和职业活动密切相关的法律知识，树立法律观念，增强法律意识，成为学法、懂法、守法、用法的新一代合格公民。

作为中等职业学校德育课教材，本书具有鲜明的特点：一是体现了新时期的新要求，将社会主义核心价值体系的基本内容、科学发展观的基本内涵和构建和谐社会的总体要求融入到教材之中；二是突出了职业教育的特点，突出能力培养，注重实践教育、体验教育和养成教育，有利于提高职业教育质量；三是在编排体例和内容设计上有所创新和发展，这也是本书的最大特点。根据现行的法律法规，在结合当前国内热点问题和中职学生就业的实际需要的基础上，通过走进生活、生活与法、互动在线、以案学法、名言、小贴士、图片、链接、实践探究等形式，丰富了教学内容，淡化了概念学习，避免了空洞说教，从而增强了教材的生动性、实用性、趣味性、灵活性和可操作性。

在教材编写过程中，我们参考和引用了许多专家、学者的研究成果以及新闻媒体报道的典型案例，已将主要参考文献列于文后，在此谨向有关作者和著作权人表示感谢！本教材的编写，得到了四川大学出版社、四川省阆中江南高级职业中学、四川省商贸学校、遂宁市职业技术学校等机构的大力支持，在此一并致谢！

由于编者水平有限，加之时间仓促，本教材难免有疏漏和不足之处，敬请广大读者批评指正，以便再版时纠正。如有反馈意见，请发邮箱至 CDZJ06@126.com 或 fushaozhou719@sina.com.

编　者

2014 年 5 月

# 目 录

# 导　言　走进《职业道德与法律》

“职业道德与法律”这门课程的主要内容有哪些？学习这门课程对中职学生的成长有什么意义？怎样才能学好这门课程？这是我们学习这门课程应该首先明确的问题。

## 一、学习“职业道德与法律”课程的重要意义

**走进生活**

苏丹红、孔雀石、三聚氰胺的阴影还没消去，“一滴香”、“瘦肉精”、“染色馒头”、“牛肉膏”等又接踵而至。在《食品安全法》的基础上，国务院专门针对食品安全印发了《食品安全宣传教育工作纲要(2011—2015年)》(以下简称《纲要》)。《纲要》明确要求，有关部门、行业组织和生产经营单位要严格落实“先培训、后上岗”的制度，生产经营单位负责人和主要从业人员每人每年接受食品安全法律法规、科学知识和行业道德伦理等方面的集中培训不得少于40小时，每名食品安全监管人员每年也要接受不少于40小时的集中专业培训。

2012年4月15日，央视《每周质量报告》节目《胶囊里的秘密》，曝光了一些企业用生石灰处理皮革废料，将其熬制成工业明胶，卖给一些制药企业制成药用胶囊，最终流入药品企业，进入患者腹中。由于皮革在工业加工时要使用含铬的鞣制剂，因此，这样制成的胶囊往往重金属铬超标。针对药用胶囊铬超标事件，公安机关立案7起，依法逮捕犯罪嫌疑人9名，刑事拘留45人，查封非法生产线80条，查扣用工业明胶生产的胶囊7700余万粒。

你对这些恶性食品、药品安全事件有何感受？从中体会提高职业道德和法律素质的意义。

学习“职业道德与法律”课程，有助于我们中职学生掌握必要的职业道德和法律知识，树立社会主义荣辱观，增强社会主义法治意识，提高思想道德素质和法律素质，促进全面健康成长。

“有德有才重点使用，有德无才培养使用，无德无才弃之不用”，这代表了很多企业的用人理念。

**名言**

当前文化建设特别是道德文化建设，同经济发展相比仍然是一条短腿。

——温家宝

我们每一个中职生要成为社会主义事业的合格建设者和可靠接班人，既需要提高科学文化水平和专业技能，又需要提高思想道德素质和法律素质。学习这门课程，可以帮助我们从各方面发展自我、完善自我，以适应未来岗位对人才素质的要求，在未来的职业和

岗位上，爱岗敬业、诚信公道、乐于奉献、依法经营。

## 二、“职业道德与法律”课程的主要内容和要求

“职业道德与法律”是中等职业学校学生必修的一门德育课程。该课程共五个单元。简单地说，前两个单元属于道德的内容，后三个单元属于法律的内容。

《职业道德与法律教学大纲》规定了本课程的性质与任务：“职业道德与法律是中等职业学校学生必修的一门德育课程。本课程以邓小平理论和‘三个代表’重要思想为指导，深入贯彻落实科学发展观，对学生进行道德教育和法制教育。其任务是提高学生的职业道德素质和法律素质，引导学生树立社会主义荣辱观，增强社会主义法治意识。”

我们学习的具体内容从礼仪讲起，由个人礼仪、职业礼仪再到职业道德这一重点内容，通过学习，可以帮助我们成为讲文明、有礼仪的人——成为有道德的人。然后，从道德（隐藏的法律）过渡到法律（显露的道德），通过相关法律知识的学习，可以帮助我们成为守规矩的人——具有法治精神的人——做懂法、守法、用法的好公民。

## 三、学习“职业道德与法律”课程的方法

学好这门课程，需要深刻理解它的意义。大家了解知道这门课程实用，对自己、对社会有益，就会喜欢并认真地学习。

学好这门课程，需要联系自己的实际。我们要借助以往的经验和感受，理解所学的内容；要结合自己所学的专业，内化所学的知识，使之变为我们的信念；要学以致用，把所学知识运用到自己的生活、学习、实习中去，并解决生活中的一些实际问题，做到知、信、行相统一。

学好这门课程，需要重视实践探究。我们要充分发挥收集整理、讨论争辩、案例分析等多种学习方式在课内课外的探究性学习中的作用，只有这样，才能把我们所学的道德和法律知识运用到实际生活中，也才能真正做一名新世纪的合格公民。

纸上得来终觉浅，绝知此事要躬行。

——陆游

学好这门课程，需要不断探索适合自己的方法。没有最好的，只有最适合的。我们应该做学习和生活的有心人，创造出更适合自己的有效的学习方法。

你还有什么好的学习方法可以跟大家一起分享吗？

# 第一单元　习礼仪　讲文明

**学习目标：**

了解礼仪的要求，养成文明礼仪习惯；

知道几种实用的礼仪，追求高尚人格，维护自己的文明形象；

自觉践行礼仪规范，做讲文明、有礼仪的人。

## 第一课　塑造自己的良好形象

伴随着经济的快速发展，人与人之间的交往与合作日渐频繁、密切。在交往与合作过程中，人们的礼仪是否周全，不仅显示其修养，更直接影响到与人交往、事业发展的成功。时代变迁，“礼不下庶人”的年代早已成为历史，如今人们的精神需求日益增长，大家都在寻求一种充满真诚、理解的和谐的生活环境，寻求充满文明与友善的空间。前进的社会呼唤文明，就让我们从了解文明礼仪开始。

### 一、有“礼”走遍天下

有个相声段子是这样的，乙对甲说：“我能猜出你中午吃了什么。”甲不信，让乙猜。乙说：“你中午吃的是韭菜。”甲惊讶地直喊佩服，向乙请教绝技，乙慢悠悠地说道：“你的牙上还沾着韭菜叶呢。”

对于甲这样的人，你还会有进一步交往的兴趣吗？

一个年轻人，在他毕业后，几经周折去找工作，结果却大失所望，处处碰壁。此时，他已身无分文，每天晚上只能在公园的长椅上睡个囫囵觉。但是，每当早上有人碰到他时，他总是微笑着说：“早上好！”一天，一位知名企业家看见他不断微笑，不断向周围不相识的人打招呼，就不解地问：“你现在住处都没有，为什么还能这么自信地微笑呢？”年轻人说：“给人微笑会使人感到神清气爽，而对我来说，只不过是小事一桩，况且微笑对我来说有益身体健康，既然对我对他人都有利，我又何乐而不为呢？”

第二天，这位年轻人被招聘到这家公司工作。后来，年轻人的微笑还被称为“世界上最自信的微笑。”

你认为这个年轻人求职成功的原因是什么呢？

生活中，我们总是会遇到这样一些人，他们衣着光鲜，可惜稍走近一点儿，你会闻到香水和莫名味道的混合气味；再走近一些，你会看到他们的头发上、衣领上落满雪白的头皮屑；面对面时，对方一张嘴，你会看到对方牙缝里的不明物，或许还能闻到一股异味。这时候，对方的形象在你眼里就大打折扣，相信多数人都没有了与对方交流的欲望。

世界上最廉价而且能够得到最大收益的一项特质就是礼仪。

——拿破仑·希尔

相反，有些人虽然衣着朴素，甚至破旧，但非常整洁，反倒给人一种清新飘逸的感觉。无法想象，面对一个衣衫不整、面容憔悴、头发凌乱，甚至浑身散发异味的人时，大家还会有进一步交往的兴趣。而且，当别人以排斥的眼光和行动对你时，毫无疑问，你对自己也会没有信心。

在生活、求职以及工作中都要注重礼仪，用礼仪塑造良好的个人形象，有“礼”让你拥有好人缘，有“礼”让你拥有更多成功的机会，有“礼”走遍天下。

礼仪是对礼节、仪式的统称。礼仪就是指在人际交往中，一种律己、敬人的行为规范，表现对他人的尊重和理解的行为。

礼仪的具体表现之一：礼貌。礼貌是指人们在相互交往过程中表示敬重和友好的规范行为。礼貌是一个人在待人接物时的外在表现，这种表现是通过仪表及言谈举止体现出来的。

礼仪的具体表现之二：礼节。礼节是指人们在交际过程中表示致意、问候、祝愿等惯用形式。礼节是礼貌的具体表现。

礼仪的具体表现之三：仪表。仪表是指人的外表，包括容貌、姿态、风度、服饰和个人卫生等，是礼仪的重要组成部分。

礼仪的具体表现之四：仪式。仪式是指礼仪的秩序形式，表示敬意或隆重，在一定场合举行的、具有专门程序的规范化的活动，如开幕式、签字仪式等。

## 二、递出个人礼仪这张名片

在社会生活中，人们互相之间需要交往。在商业交往中，有效进行互相了解的方式就是递出你的个人名片。推而广之，在社会生活中，我们互相了解彼此也需要一张类似的名片，通过这张名片进行自我介绍，让新朋友甚至陌生人互相认识，人际交往中的这张名片

就是礼仪。对于一个人而言,它体现出的是个人的思想道德水平和文化修养,对一个社会来说,礼仪是一个国家社会文明程度、道德风尚的反映。

我们身在社会中,身份、角色在不停地变化。大家要学会换位思考,生活中注意以礼待人,别人才能以礼待你。递出"个人礼仪"这张名片,你将收获别人递出的美好的礼仪名片。

当我们是行人的时候,往往是怎么近就怎么走,无视栏杆、无视红灯,无视人行道,总认为"宁停三分不抢一秒"的应该是开车的人;当我们开车的时候,总是抢车道,尤其讨厌那些在马路上乱闯的行人。当我们是消费者的时候,经常把个人的怨气往服务人员身上撒,还总说他们态度不好;当我们是服务人员的时候,又总把个人的情绪带到工作上来,总抱怨顾客太挑剌。当我们乘坐公共汽车的时候,总是拥挤无序地忙着抢座位,踩到别人的时候不习惯说对不起;当我们被人踩到的时候,总是对对方不说声抱歉而耿耿于怀。当我们和同学相处的时候,总会埋怨同学借笔不还的"不拘小节";而我们自己又往往懒得去理那些"小节"。当我们作为子女的时候,总是不耐烦与父母交流,却大方地花着父母的血汗钱,对父母的生日也不曾关注;当我们身为父母的时候,不能心平气和地和孩子做心灵上的交流,总是忙于自己的工作,还说已经给他们很多关爱,埋怨他们自己不争气。随着社会的发展和进步,人们的精神需求层次和自我认知价值越来越高,越来越希望得到理解、受到尊重。

所以,大家在生活中要剔除陋习,少一些抱怨,多一些换位思考,希望别人尊敬你,首先就要尊敬别人。递出文明礼仪这张名片,强调的是"尊重为本"。学习换位思考,尊重他人,才能更好地受到他人尊敬。

**提灯夜行的盲人**

一个双目失明的盲人,每次夜里外出,手里总是提着一个明亮的灯笼。别人看见了很好奇,问他:"你根本看不见东西,有没有光对你来说都一个样,怎么还老提着灯笼走路?"盲人轻轻晃动灯笼,慢悠悠又满心欢喜地告诉问他的人:"尽管有光与无光于我没有什么区别,可我提着灯笼走路,不仅可以给别人照路,让我的心里很温暖,更重要的是别人看见我的灯,也就看见我这盲人,早早避开,他们就不会撞到我,这样,我就可以保护自己的安全了,在借光给别人的同时也帮助了我自己"。

假如我们像这个盲人,做个心里装着别人的人,懂得设身处地为别人着想,那么真诚与理解才能光临,心灵也会得到照耀,真情驻心,光明与温暖与人共享。为别人照路的同时,也照亮自己!

礼仪的核心是尊重为本——约束自己,尊重他人。

人类社会充满种种差异,比如国籍、种族、宗教、社会地位、家庭出身、想法立场,等等。学会尊重与我们"不同"的人,而不是漠视或者抗拒,换位思考,以礼相待,在尊重的基础上才能更好地与人沟通。敬人者,人恒敬之。尊重他人的人,也会获得他人对自己的尊重。己所不欲、勿施于人;后来又有人提出,己所欲,亦勿施于人。中心思想只有一个:换位思考，尊重他人，以礼相待，人与人之间就能形成良好有序的关系。

### (一)尊重他人，尊重别人与自己的差异

在学校里，我们会遇到来自五湖四海的同学，从口音到地域、从民族到文化都存在着差异。比如，宗教信仰各不相同，与不同民族的同学相处时，要尊重别人的饮食习惯，甚至别人的服饰、宗教信仰和文化，让同学感觉到你的尊重而不是侮辱。不要把他人的宗教信仰、饮食习惯、文化等作为笑料谈资，因为这样只能显示出自己的无知无礼。

你的同学分属于哪些民族？你知道这些民族的风俗文化和禁忌吗？

### (二)尊重他人，要学会倾听，在态度上尊重他人

每个人成长的环境、所处的文化背景、所受的教育程度各不相同，对同一件事情有不同的看法也属正常。比如，在同学发言时我们也许有异议，但要学会先倾听，而后与同学探讨；在老师授课时我们要注意思考、做笔记，对课堂知识有疑问，或者举手示意老师，或者记录在笔记里，下课后请教老师；走上工作岗位了，对同一个工作方案我们与同事有不同的意见时，同样需要尊重同事，先听同事讲完，再发表建议，因为大家的目的是为了做好同一件事情。在学习和工作中，以谦虚诚恳的态度对待他人才能获得别人的尊重与认可，才能多结交朋友，协作共赢。

### (三)尊重他人，言谈要礼貌

与他人见面要礼貌地称呼，接电话时要说："您好，哪位？"

**电话礼貌用语**

◇迅速准确地接听

在完整的两次响铃后，拿起话筒，会使接电话的人显得稳重而不清高。若铃响了很长时间才接听，就应向对方表示歉意。

◇说好前几句话

电话接通后，首先应说"您好"或在"您好"之后自报家门。一般情况下，自报家门有四种方式：一是报本人的全名；二是报本人所在单位；三是报本人所在的单位和本人的全名；四是报本人所在的单位、本人的职务和全名。其中，第一种常用于私人交往中，后三种常用于公务交往中。

**(四)尊重他人,心里要有尊重别人的想法,才有真诚尊重别人的行动**

"每个人在人格上都是平等的。"不要因为自己家境好、成绩好,就自傲、轻视他人。并不是家境好、成绩好,你在人格上就高人一等,反而此时你更应该体现出自己的学识、涵养,以礼待人,才能让人心悦诚服地尊重你。

名言

凡人之所以贵于禽兽者,以有礼也。

——《晏子春秋》

尊重他人,体现在各个方面,而最简单的办法就是学会换位思考。所谓换位思考,就是从对方的立场来想问题、看事、看人。比如,多想想"如果我是他,我会怎么做?"长久下去,你会习惯成自然,你也能更好地递出个人礼仪这张名片了。

## 三、个人礼仪塑造良好形象

走进生活

某教授最初在清华开设"中国古代礼仪文明"这门课时,每次上下课,他都向学生鞠躬行礼。第一周这样做,学生都毫无反应地看着他,第二周还是如此。第三周上课,他依然鞠躬行礼,学生还是没有反应,教授这才跟他们谈礼尚往来的道理。他说,大家注意到没有,他自己每堂课讲九十分钟,都是站着,中间也不休息,这有多辛苦?哪位同学想体会一下,可以站着听九十分钟试试。大家为什么就不能在上下课的时候起立十秒钟,向老师表示一下尊重?这么一个老头向你们行礼,你们居然若无其事,心安理得地接受了,这么做合适吗?按照《礼记》的说法——"礼尚往来,来而不往,非礼也;往而不来,亦非礼也",现在是你们失礼了,怎么办?是不是从下周开始上下课的时候咱们"礼尚往来"一下?同学们纷纷表示从这堂课开始"礼尚往来"。下课铃声一响,大家都站了起来,师生互相鞠躬致敬,以后每次如此。

他对同学说,要求大家行礼,并不是要求大家特别尊敬他,只是希望大家由此培养恭敬之心,在学校尊敬老师,回到家里尊敬父母,将来工作了,尊敬领导和同事。你这样做了,才可能得到大家的尊重。

每个人都渴望得到别人的尊重,问题是你首先尊重了别人吗?如果人人都懂得这个道理,都能通过尊重他人来赢得他人的尊重,不就是"我敬人人,人人敬我"了吗?

"离礼仪越远,离成功就越远",讲礼仪并不难,重要的是学礼仪,树形象,迈向成功。

"最受欢迎的人不是长得漂亮的人,而是仪表仪态最佳的人。"礼仪是我们最生动的一张名片,礼仪关乎个人良好形象。生活中处处都有礼仪,称呼、微笑、握手、递接名片、眼神等,每一个环节都应当适时、适地、适度地运用礼仪,做到合理到位,树立好形象,结交好人缘。

通过别人对自己的评价来认识自己。让同学们帮忙找一找，自己在礼仪的哪些方面做得比较好。请把找出的礼仪优点进行分类：

(1)礼貌礼仪

(2)礼节礼仪

(3)仪式礼仪

(4)仪表礼仪

以铜为镜，可以正衣冠；以史为镜，可以知兴替；以人为镜，可以知得失。

——李世民

### (一)语言要礼貌

礼仪是人们在频繁的交往中彼此表示尊重与友好的行为规范，而用语礼貌则是尊重他人的具体表现。礼貌是礼仪的表现方式之一。古训有“君子不失色于人，不失口于人”——有道德的人待人应该彬彬有礼，不能态度粗暴，也不能出言不逊。所以我们在日常生活中应当多用礼貌用语，人际交往气氛融洽有益于交际。

家庭是我们人生的第一个港湾，作为家庭的一员，我们应从与最亲近的家人的相处中，开始学习用语的礼貌。比如，对长辈不要直呼其名，而是按相应的辈分礼貌地称呼。

在学校，与同学老师相处，同样需要礼貌的用语。遇见老师主动停下，面带微笑，语气真诚地说“老师好”。进出老师办公室要敲门或喊“报告”，听到说“请进”后进入，离开时要说“再见”。课堂上向老师提问，要说“请问”。与同学之间友好相处，同样需要互相尊重，礼貌相待，比如，向同学借钢笔要说“请问”，借到钢笔后要说“谢谢”。

在社会交往中，对于邻居，一般为了显得亲近、友好，可以根据对方年龄和自己年龄的差别用对亲属的称谓来称呼，比如“大爷”、“大娘”或者在这些称呼前加上姓氏，如“张大爷”等；对朋友、熟人称呼既要亲切、友好又要不失敬意，比如使用敬称“您”；与同事在工作岗位上可以姓名称呼，可以只呼其姓或在姓前面加“老、小、大”等前缀，而只称其名不呼其姓，通常限于同性之间，尤其是上司称呼下级。

总之，语言的礼貌讲究有分寸、有礼节、有教养、有学识，要避隐私、避浅薄、避粗鄙、避忌讳，概括为“四有四避”。俗话说，礼多人不怪。在社会交往的场合经常使用礼貌用语，不仅要使用礼貌的称呼，还应当将“请”、“谢谢”、“请原谅”、“对不起”等作为大家的口头语，在适当的时候使用，这样更能博得大家的好感。

**日常生活中的礼貌用语**

“请”字开头，“谢谢”压轴，“对不起”不离口。

“上午好”、“下午好”、“晚上好”、“晚安”问候语天天有。

## (二)仪容仪表要得体

仪容仪表是指人的外表、外貌、穿戴及其人的精神面貌。而仪容仪表的得体是指一个人的仪容仪表礼仪既要讲究总体协调，也要注意场合、身份，因为它同时也是一种文化的体现。

作为学生，他人对你的第一印象，产生于你的仪容仪表；毕业后作为公司的员工，他人对你公司的第一印象，同样产生于你的仪容仪表。

一个人穿着得体、彬彬有礼，不仅能赢得他人的信赖，给人留下好印象，还能提高与人交往的能力。

良好的仪表犹如一支美丽的乐曲，它不仅能够给自身提供自信，也能给别人带来审美的愉悦；既符合自己的心意，又能左右别人的感觉，使你在交际当中信心十足，一路绿灯。

——戴尔·卡耐基

心理学家提出一个公式：情感表达＝7％的言辞＋38％的声音＋55％的面部表情。人类的笑容，是面部表情主要的一种表现形式，也是人类表达感情利用率最高的一种形式。自信的微笑，让您充满自信和力量；礼貌的微笑，春风化雨，滋润人心；真诚的微笑，表达尊重、理解；道歉的微笑，希望对方谅解，并接受您的道歉。

### 求职时别忘记带上微笑

小枫，毕业于一所有名的师范学院的中文系，走上工作岗位已经整整两年了。当时在广州的一家市报上看到一则招聘广告，正好是小枫感兴趣并且擅长的广告设计型公司，于是小枫抱着试试看的态度，按照招聘广告上的联系方式，向用人单位发了一个求职电子邮件，然后上网找到用人单位的网站，详细了解了一下该用人单位的信息。

几天之后，小枫就意外地接到了该广告设计公司人事部经理的电话，要他在第二天下午到广告公司参加集体面试。当人事部经理问小枫几点可以达到时，小枫说："下午三点。"小枫想自己对用人单位所在的地址不是太熟悉，约迟一点儿时间可能会更充裕一点。当天晚上，小枫9点多钟就上床睡觉了，以便第二天能保持一种充沛的精神风貌。第二天下午一点半午睡起床后，小枫就把自己的求职简历和相关的各种资料整理好，按自己想象的需要次序放入到背包中，然后再去冲凉、穿上整洁干净的衣服，并对着梳妆镜子仔细检查一下自己的仪表。一切准备妥当，于是，小枫提前一个小时就出发了。

到了用人单位所在的办公楼下，小枫很有礼貌地向保安打听清楚了"人事部"所在的楼层，接着又打开了背包，看了一下所带的求职资料，然后进行了一下深呼吸，安定一下自己的紧张心情，就腰杆笔挺、自信十足地准时敲开了用人单位的大门。后来，小枫就成了这家广告公司的一名正式员工。

工作以后的一次偶然机会，小枫向总经理问道，在那么多参加应聘的求职者中，总经理为什么会选择了他？总经理的回答有些出乎小枫的意料，“你的微笑感染了我，通过微笑，我能看到你有一种其他求职者不具有的自信。”原来是这样的，小枫起初还以为自己的名牌大学学历和自认为不错的能力是求职的绝对资本呢！

请问：你能做到微笑面对身边的每一个人吗？

在如战场的求职市场中，强手如林，竞争激烈，要从中找到自己的一席之地，开发自己的潜能，实现自己的人生价值，是每一个职场新人不可避免的现实问题。微笑不仅能够展示自己的自信，也向用人单位传递了一个积极的态度，善于微笑的求职者获取职业的机会总是比较多的。

世界微笑日，是唯一一个庆祝人类行为表情的节日，从1948年起世界精神卫生组织将每年的5月8日确定为世界微笑日。世界微笑日的启示是：每个人的见面礼是微笑，微笑是一朵动人的花朵，微笑是最美丽的语言，不要忘记对自己微笑，对别人微笑。

**微笑的要领**

(1)放松脸部肌肉，嘴角微微上翘。

(2)嘴角略呈弧形。

(3)不动鼻子，不出笑声，可以不露牙齿，尤其不露牙龈。

### (三)举止要端庄

举止是一种无声的语言，它能在很大程度上反映一个人的道德修养和文化水平，良好的举止(包括手势、表情、站姿、坐姿、走姿)能够表现出自尊和对他人的尊重。

举止是一个人长期积累、内化的结果，它不会自动轻易地改变，需要大家有意识地学习训练。

#### 1. 站姿礼仪

站姿是静态的造型动作，是其他动态美的起点和基础。古人主张“站如松”，说明良好的站立姿势应给人一种挺、直、高的感觉。

①标准式站姿：按礼仪规范，正确的站姿应该是头正，双目平视，嘴角微闭，下颌微收，面容平和，自然微笑；宽肩下沉，双臂下垂，两手自然放松，中指贴拢裤缝，虎口向前；提臀立腰，收腹挺胸，躯干挺直；两脚并拢，脚尖分开成30度(或成丁字步)站。男士站姿，两脚并拢，脚尖分开成40度(或两脚分开比肩略窄)站。

②叉手站姿：在标准式的基础上，双手在腹前交叉，右手搭在左手上。男士的两手自然靠在胯骨上。

可以用丁字步站，这种站姿端正中略有自由，郑重中略有放松。在站立中身体重心还可以在两脚间转换，以减轻疲劳，这是一种常用的接待站姿。

③背手站姿：在标准式的基础上，双手在身后交叉，右手贴在左手外面，贴在两臂中间。这种站姿优美中略带威严，易产生距离感，所以常用于保卫人员。如果两脚改为并立，则突出了尊重的意味。

**2. 手势礼仪**

手势表现的含义非常丰富，表达的感情也非常微妙复杂。下面主要介绍的是职场中常用的接待手势。

①横摆式（请进）

迎接客人时，利用标准式的站姿，站立一旁，手臂向外侧横向摆动，指尖指向被引导或指示的方向。微笑友好地目视来宾，直到客人走过，再放下手臂。

②斜摆式（请坐）

接待客人入座时，用一只手摆动到腰位线上，使手和手臂向下形成一斜线，表示请入座。

**3. 走姿**

走姿是一种动态美，是站姿的延续。在正确的站姿基础上，上身挺直、头部保持端正，下颌微收，两肩自然齐平，收腹、挺胸、立腰。双目平视前方，表情自然，精神饱满，走得自信大方，挺拔自然，步幅适中，不快不慢，双手臂自然摆动。

每个人都是一个流动的造型体，优雅、稳健、敏捷的行姿，会给人以美的感受，产生感染力，反映出年轻人积极向上、朝气蓬勃的精神状态。

**4. 坐姿**

坐姿是一种静态造型，端庄优美的坐姿，会给人以文雅、稳重、大方的美感。

链接

**1.** 女士优美坐姿

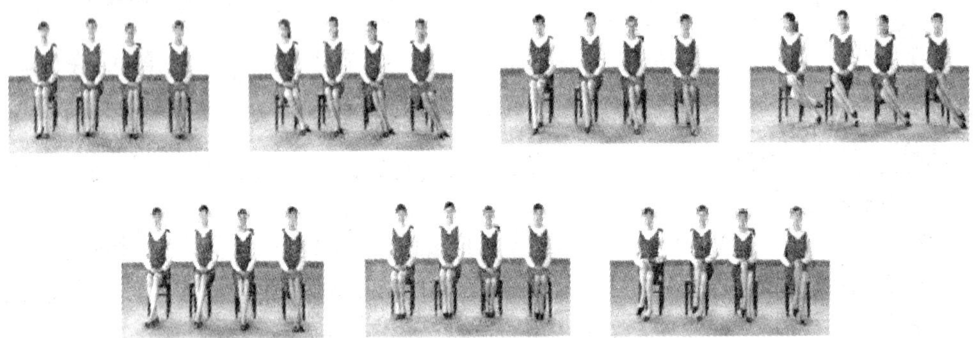

①标准式：轻缓走到座位前，转身后两脚成小丁字步，左前右后，两膝并拢的同时上身前倾，向下落坐。如果穿的是裙装，在落座时要用双手在后边从上往下把裙子拢一下，以防坐出皱褶或因裙子被坐住，而使腿部裸露过多，一般要坐椅面的2/3。坐下后，上身挺直，双肩平正，两臂自然弯曲，两手交叉叠放在两腿中部并靠近小腹，两膝并拢，小腿垂直于地面，两脚保持小丁字步；双腿不要抖动，表示尊重对方而不缺乏自信。

②前伸式：在标准式坐姿的基础上，两小腿向前伸出两脚并拢，脚尖不要翘起。

③前交叉式：在前伸式坐姿的基础上，右脚后缩，与左脚交叉，两踝关节重叠，两脚尖着地。

④屈直式：右脚前伸，左小腿屈回，大腿靠紧，两脚前脚掌着地，并在一条直线上。

⑤后点式：两小腿后屈，脚尖着地，双膝并拢。

⑥侧点式：两小腿向左斜出，两膝并拢，右脚跟靠拢左脚内侧，右脚掌着地，头和身躯向左斜，注意大腿小腿要成90度，小腿要充分伸直，尽量显示小腿长度。

⑦侧挂式：在侧点式基础上，左小腿后屈，脚绷直，脚掌内侧着地，右脚提起，用脚面贴住左踝，膝和小腿并拢，上身右转。

⑧重叠式：也叫"二郎腿"或"标准式架腿"等，在标准式坐姿的基础上，两腿向前，一条腿提起，腿窝落在另一腿的膝关节上边，要注意上边的腿向里收，贴住另一腿，脚尖向下。

二郎腿一般被认为是一种带有不严肃、不庄重的坐姿，尤其是女子不宜采用。其实，这种坐姿常常被使用，因为只要注意上边的小腿往回收、脚尖向下这两个要求，不仅外观优美文雅，大方自然，富有亲近感，而且还可以充分展示女子的风采和魅力。

**2.** 男士正确坐姿

①标准式：上身挺直，双肩正平，两手自然放在两腿或扶手上，双腿自然分开，小腿垂直落于地面，两脚自然分开成45度。

②前伸式：在标准式的基础上，两小腿前伸一脚的长度，左脚向前半脚，脚尖不要翘起。

③前交叉式：在标准式的基础上，小腿前伸，两脚踝部交叉。

④屈直式：在标准式的基础上，左小腿回屈，前脚掌着地，右脚前伸。

⑤斜身交叉式：在标准式的基础上，两小腿交叉向左（或向右）斜出，上身倾向同一边。

⑥重叠式：也叫“二郎腿”或“标准式架腿”等，在标准式坐姿的基础上，两腿向前，一条腿提起，腿窝落在另一腿的膝关节上，脚尖自然向下。在工作中需要就座时，通常不应当把上身完全倚靠着椅背。一般要坐椅面的2/3，双腿不能抖动，表示尊重对方而不缺乏自信。

相貌的美高于色泽的美，而秀雅高贵的举止的美又高于相貌的美——它是美的精华。

——培根

### 常见的不良举止

**1.** 随地吐痰

吐痰是细菌最容易直接传播的途径，随地吐痰是非常没有礼貌而且绝对影响环境、影响我们身体健康的不良举止。如果你要吐痰，应把痰抹在纸巾里丢进垃圾箱，或去洗手间吐痰，但不要忘了清理痰迹并洗手。

**2.** 随手扔垃圾

随手扔垃圾是应当受到谴责的不良举止之一。

**3.** 在公共场合抖腿

有些人会有意无意地双腿颤动不停，或者让跷起的腿像钟摆似的来回晃动，而且自我感觉良好以为无伤大雅。其实这会令人觉得很不舒服。这不是文明的表现，也不是优雅的行为。

### （四）待人要真诚

学会换位思考，对他人尊重、信任与关心，你将获得同样的真诚。真诚是一面镜子，你对他人真诚，别人也会回报以真诚——不要吝啬在他人困难的时候伸出援手，这样在你遇到困难的时候别人也会愿意帮助你；尽可能多的掌握各方面的知识，这样与不同的人打交道时才会有话可说，才能做到自然、真诚。以自己的学

诚恳，不欺骗人；思想要纯洁公正；说话也要如此。

——富兰克林

识与真诚换得大家对你的良好印象。

### (五)要有幽默感

对同学们来说，最具魅力的老师，是能讲笑话、幽默成性及谈笑风生的老师；对观众来说，看电视节目、看电影、看娱乐节目，最有吸引力的是具有幽默感的主角、主持人。因为人们的幽默可以使复杂变简单，简单变有趣，有趣变得有吸引力。

> 
>
> 如果你能使一个人对你有好感，那么，也就可能使你周围的每一个人，甚至是全世界的人，都对你有好感。只要你不是到处和人握手，而是以你的友善、机智、风趣去传播你的信息，那么空间距离就会消失。
>
> ——凯瑟林

幽默是极易接近感情的热线，它像春风一样，使愉悦充满人与人的交际场中，并且表达出你的真诚。幽默是一座桥梁，是沟通人心灵的桥梁。幽默者最有人情味，与幽默者相处，每个人都会感到快乐。

我们的生活需要幽默感。真正聪明的人，总是依靠幽默使社交变得更顺利、更富人情味。如果你希望有所成就，希望社交成功，希望在现代生活中立于成功不败之地，那么，你就应该学会适当地幽默，在生活中与大家融洽相处。

**实践探究**

一、生活中怎样贯彻以礼待人，你做到了哪些？还有哪些地方需要加以改进和培养？

二、结合生活实际，谈谈如何塑造自己的良好形象。

三、学以致用

有一家人决定进城里去居住，于是到处找房子。全家三口，夫妻二人与一个五岁的孩子。他们好不容易找到了一家愿意出租房子的主人，于是敲门，小心问道："我们一家三口有租到您房子的荣幸吗？"房东看了这一家三口，说："很遗憾，实在对不起，我们不想租给有孩子的住户。"夫妻一听，很失望，带着孩子遗憾地离开。那个五岁的小孩，从头到尾都看在眼里，只见他又折回去敲房东的大门，房东开了门，五岁的小孩子精神抖擞地说："老大爷，我租房子，我没有孩子，只有两位大人。"房东听了高声大笑，他们因此租到了房子。

小孩子的成功秘诀是什么？对你有什么启发？

## 第二课　展示自己的职业风采

要想成为一名优秀的职业人，除了要具备熟练的专业技能之外，还需要展示积极向上、奋发进取的精神风采，打造良好的职业形象。在竞争日趋激烈的今天，越来越多的企业和员工认识到职业形象对企业和个人的重要性。学习职业礼仪以在业务往来中树立良好的形象，在纷杂的环境下更好地处理公共关系，已成为提高自身竞争力的必然需要。

### 一、学习职业礼仪　提升个人气质

职业礼仪是在人际交往中，以一定的约定俗成的程序、方式来表现的律己、敬人的过程，涉及穿着、交往、沟通、情商等内容。从个人修养的角度来看，礼仪可以说是一个人内

在修养和素质的外在表现；从交际的角度来看，礼仪可以说是人际交往中适用的一种艺术、一种交际方式或交际方法；从传播的角度来看，礼仪可以说是在人际交往中进行相互沟通的技巧。

职业礼仪的培养应该是内外兼修的。古语说得好："腹有诗书气自华。"内在修养的锤炼是提高职业礼仪的源泉。

求职礼仪是走向职场的第一步，我们就先从求职礼仪讲起。

分小组进行模拟面试活动，最后总结面试中同学们的礼仪表现。

### (一)面试的印象礼仪

求职是我们迈向社会不可少的一个重要环节，求职中同样也需要学习相关的礼仪知识，学好求职礼仪是踏上展示个人才能舞台的第一步。

**1. 面试前的准备，包括心理准备与着装准备**

良好的心态是求职过程中必不可少的，在面试的时候，与主考官面对面的"较量"，必须做好准备。

首先，心理准备有两方面，一是全面认识自己。可以通过与自己身边的人进行交流和沟通，了解自己的优点和缺点，找出自己的就业方向，做到有目的地投递简历，使成功的机会增大；其次总结自己的专业特点、自己对所学专业的掌握情况和自己曾经有哪些实战经验；再次在做事的过程中不断发掘个人潜能，在求职时进行侧重表现，为成功求职提供支撑点；最后需要正视自己的长处和短处，不要不懂装懂，企图糊弄招聘单位，而要使招聘单位相信"只要给我时间，通过努力，我会做得更好"，从而获得机会。二是树立自信心。在全面认识自己的基础上，树立自信心，在求职前，我们一定要摆好心态，不卑不亢，对自己有信心，尽量发挥和运用自己的优势，相信自己可以战胜目前的困难，最终总会成功。

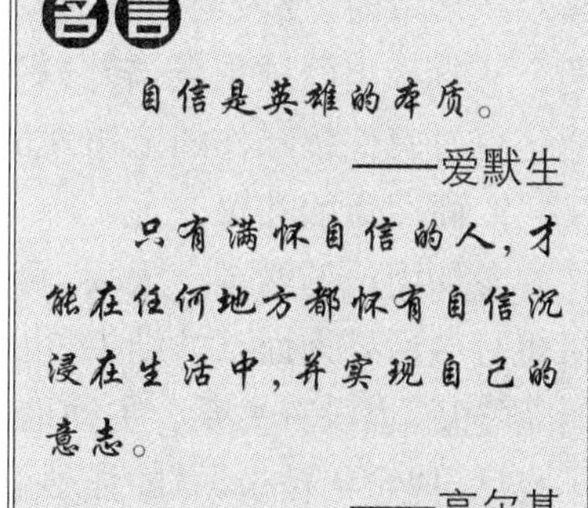


其次，着装礼仪要注意。俗话说得好："人靠衣装"，大方得体的形象也是求职者面试的关键，良好的个人形象既能从一个侧面反映出自己的内涵，又能体现对用人单位的尊重。

无论你选择什么样的服饰，都要本着整洁、大方、自然、和谐的原则，不要选择样式古怪或邋遢的衣服。总体而言，男士可以选择深色的西装，配白衬衣，系颜色协调的领带，皮鞋一定要光亮。女生可以穿套装或裙装，不要穿低领或过于透明的紧身衣服。恰当的着装能更好地体现出求职者的修养与气质，同时，要考虑应聘不同职位时不同的着装要求。

不同的公司有不同的穿着文化，为了融入公司的文化，求职者在面试前最好先初步了解该公司的着装风格和着装要求。

**2. 面试过程中的礼仪**

面试是你给招聘单位留下深刻的第一印象的时刻，面试时的招聘礼仪尤为重要。

首先，在参加面试时要守时。一般参加面试者应提前 5～10 分钟到达，整理着装，以最佳面貌步入面试现场。可以先熟悉环境，与招聘单位的接待者或同来面试的人作一个简单的交流，但切忌大声喧哗。此外，要耐心等待，听从面试现场工作人员的安排，按顺序进入面试办公室。注意去参加面试时，不要让家长或同学陪同入内，这样会显得你很不成熟，你应该独自进入面试单位的大楼。

其次，进屋时要先敲门，在得到允许后才能进入。进屋后，不能随便入座，要等接见者允许后才能坐下，并且应该坐在接见者指定的位置上，如未指定，应坐接见者对面。同时不要乱放自己的外衣、皮包等物品。

再次，与考官打招呼一定要使用礼貌用语，并做好自我介绍，这个可以在参加面试前与同学或家长做几次演练。说话时用普通话，尽量避免口头禅，避免紧张；在表达意见的时候，不能总以自我为中心，要学会使用“我很同意您的意见”、“我很愿意为你效劳”之类的话与考官沟通；整个说话的过程中，语速不宜过快，注意用语简洁。

另外，要“坐有坐相”，注意自己的“身体语言”。比如：全身放松，以免肌肉紧张不受控制。可以适当改变坐姿，来调节自己的情绪。要避免目光的游离，否则可能会让人觉得你不踏实。但是目光交流并不是让你“直勾勾”地盯住对方，而是学会将目光集中在对方眼睛与鼻子之间的三角形位置上移动。这样会令人觉得你对他的话十分重视。例如当你说“我真的想得到这份工作”，你可以微斜着头，然后展示一个非常诚恳的微笑。

手部动作不能幅度太大。移动双手时，确定手离开身体的距离不超过肘部的长度。同时，注意不要将双手握得太紧，否则会给人扎紧拳头很紧张的感觉。腿部姿势，忌讳二郎腿。面试在考官示意结束时，要及时停止说话，起身站好与考官握手，表示感谢。从容步出面试现场，转身轻轻关好门。离开面试单位时，还应记得对其他招呼你的工作人员表示感谢。

**3. 面试后的礼仪**

参加面试的两至三天后，可以主动给面试单位发感谢函，如果想打电话咨询面试的结果，也应先表示感谢。如果面试单位在面试时通知“会在一周内给予答复”也没有关系。主动地联系表示了对面试单位提供面试机会的感谢，同时也表达了自己对“希望被录取”的强烈愿望，可以加深面试单位对你的印象。但是不论是发感谢函还是打电话询问，均要以表明自己的态度为主，不可追问。这体现了你对招聘单位及工作人员的尊重。

**(二)职场的着装礼仪**

穿着职业服装不仅是对服务对象的尊重，同时也使着装者有一种职业的自豪感、责任感，是敬业、乐业在服饰上的具体表现。规范穿着职业服装的要求是整齐、清洁、挺括、大方。

> **名言**
>
> 人应当一切都美，外貌，衣裳，灵魂，思想。
>
> ——契科夫

现代女性多是职业女性，办公室着装基本要求是大方得体，体现职业女性的专业素质。“服装语言”无声地诠释了你所在的行业和你的职业态度，直接影响你在其他人心目中的形象，影响他人对你的态度。

**1. 女士着装礼仪**

(1)淡妆，注意眼部妆容不应过于另类和鲜艳(如黑色，浓绿色)；唇部色彩不应夸张和浓重；

(2)头饰不应过于复杂和另类；

(3)如果佩戴首饰，不易过于夸张和另类；

(4)着职业装(职业裤装或职业裙装)；

(5)衬衫以纯色为主，不应过于艳丽或花色繁多；

(6)裙子的长度应保持在膝盖稍下处；

(7)注意丝袜和整体服装的搭配(准备备用袜)；

(8)着职业包，并注意包的样式与颜色和服装相应称；

(9)皮鞋的颜色与服装颜色和包的颜色相应称。

**2. 男士着装礼仪**

(1)着浅蓝或白色衬衣；

(2)领带花色不易过于复杂；

(3)西装应有垂坠感，不应过短；

(4)西装口袋不应装过多用品，应保持口袋的平整；

(5)袖口的商标应取除；

(6)如用餐时需脱去西服外套，则应佩戴领夹；

(7)着深色袜，以褐色或藏蓝色为佳；

(8)着深色正装皮鞋，保持鞋面光洁无污渍；

(9)应佩戴饰物。

**(三)职场办公室礼仪**

办公室里有几种人不宜深交：诉苦者不宜深交、搬弄是非者不宜深交、唯恐天下不乱者不宜深交、爱占小便宜者不宜深交、被上司和同事讨厌者不宜深交。但强调一点，避免深交，不是说不与之说话，必要的沟通还是需要的，必要的礼仪也是不可缺少的。

**1. 办公室称呼礼仪**

**一句称呼换来一份工作**

职场上最诚惶诚恐、毕恭毕敬的人是谁？是菜鸟新人！

王露是太平洋盈科电脑城的一个小职员，去年刚刚毕业。说起职场称呼，她满脸兴奋。“我应聘时就是因为一句称呼转危为安的。”去年应聘时，由于她在考官面前太过紧张，有些发挥失常，就在她从考官眼中看出拒绝的意思而心灰意冷时，一位中年男士走进了办公室和考官耳语了几句。在他离开时，她听到人事主管小声说了句“经理慢走”。那位男士离开时从王露身边经过，给了她一个善意鼓励的眼神，王露说自己当时也不知道哪儿来的灵光一闪，忙起身，毕恭毕敬地对他说：“经理您好，您慢走！”她看到了经理眼中些许的诧异，然后他笑着对自己点了点头。等她再坐下时，她从人事主管的眼中看到了笑意……

后来她顺利地得到了这份工作。人事主管后来告诉她，本来根据她那天的表现，是打算刷掉她的。但就是因为她对经理那句礼貌的称呼让人事部门觉得她对行政客服工作还是能够胜任的，所以对她的印象有所改观，给了她这份工作。

如果是你，你知道该怎么样恰当地招呼他人吗？

走上工作岗位，全是生面孔，给同事留下好印象，都是从一声简单的称呼开始。先自我介绍，其他同事再自我介绍，如果职位清楚的，可以直接称呼他们“李经理、杨经理”等，对于其他同事，可以先一律称“老师”，表明自己是初来乍到，很多地方还要向诸位前辈学习，恰当的称呼透露出了你的谦虚，更体现了你对别人的尊重。等稍微熟悉后，对比自己大许多的同事，可以继续称“老师”或者跟随其他同事称呼。需要注意的是，在喊人的时候，一定要面带微笑，眼睛直视（但不是死瞪）对方，表现要有礼貌。

对于新人，在称呼上要注意两个原则：

第一，表情自然、语气要诚恳；

第二，谦虚主动地问候。

**2. 办公室人际关系礼仪**

办公室的重要内容是待人接物，与上级、与同事、与下级以及访客都要以礼相待。

对不同人的尊重体现了个人的修养——尊重上级是一种天职；尊重下级是一种美德；尊重客户是一种常识；尊重同事是一种本分；尊重所有人是一种教养。

（1）尊重上级。要增强服从意识，集体意识，尊重服从上级，服从命令听指挥。这些都体现出你对领导的尊重。比如，汇报工作时，需要记住以下几点：一是轻声敲门，经允许后才能进门；二是讲话口齿伶俐，叙述有条有理；三是重点突出；四是选择合适的时机汇报；五是实事求是；六是灵活把握汇报相关内容。这样，避免了在工作中产生问题，既建立了良好的工作关系，也能提升自己的工作能力和个人形象。

（2）尊重同事。同事之间要做到相互支持、相互关心、相互信任。同时要保持距离，以诚相待，尊重别人，不骄不躁，不分亲疏。处理与异性同事的关系时，应尽量避免单独交往。

同事相处应以礼相待，在基本礼节上彼此尊重。如见面时，要主动打招呼，最简单的方式是微笑点头，同时道声“早”、“你好”等问候语。

同事之间应保持距离。首先，出于尊重，同事不在或者没有授权的情况下，不要擅自动用同事的物品，另外，也不要去探听别人的隐私。

同事之间有意见分歧的时候，不要辩论和争论，因为辩论和争论不仅有损于自己的形象，更违背了职员最基本的礼仪素质。化解同事间的争端，注意以下几方面：一是学会以大局为重，有团队意识，大事化小，小事化了；二是有异议时求大同存小异；三是学会宽容

与道歉。

总之，同事之间发生冲突后，最起码的礼仪就是不要去辩论和争吵，要学会用平和的心态真诚地沟通，这样才能经营好团队，大家一起做好工作。

(3)尊重下级。要摆正与下级的关系，多关心、支持、体谅和爱护下级，不摆架子，不以势压人。对下级要严格要求，一视同仁。

(4)尊重访客。接待因工作关系到访的客人，要做到热情、友善、耐心、诚恳。要出于公心，一视同仁。

名言

对人不尊重，首先就是对自己的不尊重。

——惠特曼

卑己而不尊人是不好的，尊己而卑人也是不好的。

——徐特立

**3. 办公室日常礼仪**

办公室的人际礼仪还要求我们工作期间恰当着装、适当装扮、举止文明。办公室是工作场所，工作人员要注重个人卫生，发型要适宜，着装要整洁、大方，西装、套裙等都很适宜。切忌穿汗衫、拖鞋、赤脚穿凉鞋等上班。

在办公室里举止要文明，大声喧哗、指手画脚会显得你没修养。谈话时注意身体距离，1 米左右为宜，距离过近(尤其是异性之间)会令对方感觉不舒服，更不要在办公室里过分亲昵地勾肩搭背。保持良好的站姿和坐姿，切忌将脚搭在办公桌上、斜身靠在办公桌旁、坐在办公桌上等。尽量不要在办公室里吃东西，尤其是吃瓜子等有响声的食品。

**(四)职场辞职礼仪**

辞职与应聘一样，是否有礼仪地完成辞职，同样反映出一个人的职业素质，影响职业形象的塑造。职场辞职礼仪有哪些?

**1. 诚恳沟通**

找上司谈话时，要态度诚恳地说出自己辞职的原因，争取他的理解。

**2. 递上一封合格的辞职信**

辞职信一般必须包括以下内容：离职原因、离职期限、工作的交接、向公司表示感谢的礼貌用语。

**3. 稳妥交接工作**

在递交辞职报告后，在没有合适继任人选时，继续做好本职工作，继任者来后，交代清楚职位工作的具体内容并通知相关合作者，让公司不因你的离职而造成困扰。

**4. 其他注意事项**

(1)后续工作。整理好公司的资料文件。另外，一些公司证件等物品也必须完成归还的手续。整理并带走所有个人私人物品，包括电脑中的账号、密码的删除。

(2)不要以负面方式谈论原公司，以免影响你在行业内的声誉。

辞职也是一门艺术。纵使你对公司有强烈不满，离职也要低调。当你决定辞职，不仅对你自己有影响，对同事、对上司、对客户都会有影响。所以，最好的做法是直接跟主管提辞呈，而且真诚地说明辞职的原因。

## 二、遵守职业礼仪，展示职业风采

职业人要对自己严格要求，各行各业要求不同，要想做一名好的职业人，从在校期间就要开始学习言行举止文明礼貌，在岗位训练中养成良好的职业习惯。

你知道该如何介绍自己和他人吗？

### （一）介绍礼仪

**1. 自我介绍**

在学校、工作单位，如果想结识某个人或某些人，而又没有人引见，可以自己充当自己的介绍人，把自己介绍给对方。

确定自我介绍的具体内容，要兼顾实际需要、所处场景，力争特色鲜明，尽可能给人留下比较深刻的记忆。

(1)自我介绍的内容。首先问候对方，然后介绍自己单位名称、自己姓名和身份。

(2)自我介绍的时间。一般情况下，自我介绍应该是3~5分钟较适宜。

(3)自我介绍的要点。主动、真诚。

(4)自我介绍话题。姓名、职务、兴趣、职业等。

**2. 介绍他人**

(1)征求意见。为别人做介绍之前不仅要征求被介绍双方的意见，并且应在开始介绍时再打一下招呼，不要上去开口即讲，让被介绍者措手不及。当介绍者询问是不是要有意认识某人时，不要拒绝或扭扭捏捏，而应欣然表示接受。实在不愿意时，要委婉说明原因。

(2)姿势。当介绍者走上前来、开始为你进行介绍时，被介绍者双方都应该起身站立，面含微笑，大大方方地目视介绍者或对方。

(3)顺序。在为他人做介绍时，可以遵循这样的顺序：把晚辈介绍给长辈；介绍双方职务有高有低的时候，把职务低者介绍给职务高者；如果介绍对象双方的年龄、职务相当，异性就要遵从“女士优先”的原则，即把男士介绍给女士；把客人介绍给主人；将晚到者介绍给早到者等。

(4)内容。一般介绍：姓名、称呼。正式介绍：姓名、称呼、工作单位、职务、关系、兴趣爱好。当介绍者介绍完毕后，被介绍者双方应依照合乎礼仪的顺序进行握手，彼此问候一下对方，也可以互递名片，作为联络方式。

不论是给别人做介绍还是自我介绍，被介绍双方态度都应谦和、友好、不卑不亢，切忌傲慢无礼或畏畏缩缩。

### （二）迎送、接待礼仪

接待工作在职场中是企业的一项重要工作，其好坏关乎宾客满意程度，关乎企业形象，对来访者的每一次迎送接待都需要我们认真对待。只有掌握了正确的迎送、接待礼仪才能让宾客满意而归。

**1. 迎送接待基本礼仪规范**

(1)充分准备。作为迎送接待的工作人员,需要做好充分的准备工作,并应从细微处着手,考虑得细致周到。主要包括掌握来访者的基本情况(如姓名、性别、职位、来访人数、来访目的、到达时间、停留时间、与本组织关系等);确定接待的规格;食宿的安排;本组织陪同人员的拟定;会谈主题、材料的准备等。

(2)笑脸相迎。微笑是我们在礼仪里经常提到的一个词,微笑是一种行为魅力,确实有很多独特的作用,在迎送接待中也不例外。真诚的微笑透露出的是我们的宽容、善意,更是自信,无论是朋友、客户、或者陌生人,看到你的微笑,都能感受到你的友善和真诚。

名言

时间就是生命,无端的空耗别人的时间,其实无异于谋财害命的。

——鲁迅

(3)守时真诚。守时是参与社交活动应遵守的一个基本原则。会谈时,我们要准时出席,最好能提前到达会谈场所。在会谈、用餐时,都要本着真诚的原则,保持整个气氛的友好,即使双方有一些意见分歧也很正常,切不可使气氛变得尴尬、紧张。

走进生活

某计算机工程有限公司定于9月28日在某职业技术学院举办图书馆计算机管理系统软件产品展销会,通知很快地寄发到各有关学校图书馆。日程安排表上写着9点介绍产品,10点参观该职业技术学院图书馆计算机管理系统,11点洽谈业务。展销会当天,9点大会本该开始介绍产品,可应该到的各校图书馆代表却只到了1/3。原来,由于通知中没有写明展销会具体地点,加上公司工作人员接待不周,对代表不够热情,所以引起了代表们的抱怨。会议开始时已是9点30分了。公司副总经理、高级工程师作产品介绍及演示,内容十分丰富,10点30分还没讲完。由于前面几项活动时间安排不够紧凑,结果业务洽谈匆匆开始,草草收场。

请指出此次接待工作的不足之处。

**2. 迎送接待的基本程序**

(1)确定迎送接待规格。

对不同的来访者,迎送接待的规格是不一样的。比如,当客人远道而来又很重要,亲自去车站或者机场迎接是必要的礼仪。首先,一般要由本组织中身份级别相当的人亲自参与迎送接待工作,如有特殊原因不能前往,要委托相关人员代为组织,并要通过恰当的方式向来访者说明原因,表示歉意。其次,要确定合乎来访者迎送接待规格的食宿、车辆、相关物品等。

对远道而来的来访者,我们要提前去车站、机场、码头等处等候,并为来访者提前预订住宿旅馆、返程机(车、船)票等。

(2)欢迎并互相介绍。

来访者抵达时,主要迎接人员要主动上前欢迎,与其亲切握手并问候,握手要坚定有力,目光正视对方,这能体现出你的信心和热情,但不宜过于用力,免得产生尴尬。握手时间不宜过长,几秒钟即可,如戴手套须脱下手套握手。其他的迎接人员可以主动地帮助来访者提行李等。

介绍时,应先由工作人员将主要迎接人员介绍给来访者,再由主要迎接人员为来访者介绍其他前来欢迎的相关人员,最后,由来访者向迎接方介绍来访人员情况。其间,双方主要人员可以互递名片,之后双方稍作寒暄即可启程前往下榻宾馆或会谈地点。

小贴士

递送名片时应用双手拇指和食指执名片两角,让文字正面朝向对方。接名片时要用双手,并认真看一遍名片的内容后方可收起来。如果是在办公室、会谈室等室内,在接过名片后不要急着将名片收起来,而是放在桌子上,并保证不被其他东西压着或遮掩起来,这会使对方感觉你很尊重他。另外,参加会议时,应该在会前或会后交换名片,不要在会中擅自与别人交换名片。

(3)陪同至下榻宾馆。

如果是远道而来的来访者,需要为其准备好下榻的宾馆。主要迎接人员陪同至宾馆后,可以简要地告诉对方会谈的安排,提前制作好安排表则更佳,并征求对方意见。之后就可以离开,让来访者有时间休息。

(4)进行会谈。

会谈要根据安排表来确定会谈时间、地点和内容,如果没有特殊原因,不要轻易改动。

(5)宴请。

在来访者到来的当天和返程的当天要安排宴请活动,以示尊重。宴请规格因接待规

格而定。

(6)送客。

当来访者达到来访目的、完成来访任务后,或因特殊原因不能继续访问时,要安排送客事宜。

**3. 做好迎送接待工作**

迎送接待工作纷繁复杂,在这里,我们主要从交通礼仪、招待礼仪、陪同礼仪、送别礼仪等迎送接待礼仪的几个重要方面进行讲解。

(1)交通礼仪,指接待方在为来访者安排供对方乘坐的车辆、船只、飞机时,需要遵守的基本礼仪规范,包括本组织提供的交通工具和公共交通工具。交通工具的规格要依据整体接待规格、本组织实力或来访者可承受度综合考虑。总的指导原则是符合常规、量力而行、主随客便。

迎送接待工作中的交通礼仪主要考虑以下几个方面:

时间安排合适。这点在为来访者预订机(车、船)票时尤为重要,我们要充分考虑到对方的出发和到达时间。除非特殊情况,应尽量把接待时间安排在白天,这样方便他人。

轿车内座次和陪车礼仪。轿车内座次很有讲究。在轿车上,尊卑排序是右座高于左座,后座高于前座。以一辆目前在国内公务和商务接待中较为常用的双排五人座轿车为例,一般认为车上最尊贵的位置是后排座位中与司机座位成对角线的座位,在我国即是后排右座。接下来尊卑次序依次是后排左座、后排中座、前排右座(副驾驶位置)。陪车礼仪也同样有讲究。如果你作为接待人员陪客人乘坐同一辆轿车,要为客人打开轿车右侧后门,并手掌朝下挡住车篷上沿,提醒客人不要碰头,以示对客人的尊重。等客人坐定后,关好车门,然后坐到副驾驶位置或从车尾绕到左侧从后门上车。当轿车驶抵目的地后,你要先下车,如坐在后边左侧则要从车尾绕到右侧,为客人打开车门,并同样用手挡住车篷上沿,协助客人下车。

在公务和商务活动中,轿车上的前排右座(副驾驶座)通常被称为“随员座”。按照惯例,此座一般应由助理、秘书、翻译、警卫等就座,而不宜请客人在此位就座。当然,如果是主人亲自驾车时,客人则要坐在副驾驶座上与主人“平起平坐”,这是合乎礼仪要求的。另外,轿车的后排中座左右受挤,坐着不舒服,一般不要请主要客人在那里入座。

(2)招待礼仪。做好招待工作是做好迎送接待工作的重要组成部分之一。要做好招待工作,关键是要选择好招待的时间、地点、规格等,做到以礼待客。

①招待的时间。要根据来访者的时间安排来进行招待时间的安排。作为办公室工作人员,我们要提前与来访者沟通,预先了解对方正式抵达的时间和将要停留的时间。按照

一般惯例，在没有特殊原因的情况下，通常不宜在节假日、午间、夜间等时段来招待来访者。

②招待的地点和规格。一般而言，在公务和商务活动中待客的常规地点是办公室、会议室、会客室、贵宾室等。一般的来访者可在自己的办公室进行招待。如果来访者较多，可以在会议室里进行集体招待。重要的客人，可选择会客室进行招待。身份十分尊贵的来访者，应该选择在本组织内档次最高的会客室（一般称为贵宾室）里进行招待。招待来访者的地点确定后，一般要对其室内进行必要的洁净和布置工作。

③卫生。在待客的房间里，一定要保持空气清新、地面洁净、墙壁整洁、窗明几净、用具干净。

④必备物品。茶叶、茶杯、水果、烟灰缸以及与招待或会谈有关的材料，是招待时的必备物品，要提前准备好，以免临时准备过于匆忙，有失礼貌。

⑤光线。应以自然光源为主、人造光源为辅，切勿使用光线过强或过弱的光源。

⑥色彩。招待来访者的房间，一般要布置得庄重、大方。特别是主要装潢、陈设的色彩，要尽量控制在两、三种之内，否则会让人眼花缭乱，给人一种华而不实的感觉。招待现场的主色调不宜选用过于沉闷的白色、灰色、黑色，热烈的红色、黄色、橙色，以及容易给人以轻浮感的粉色、金色、银色等，可以选择乳白、浅蓝或草绿等色，象征着纯洁、自信、朝气。

⑦陈设。招待室的陈设要务求实用，不宜过多，一般放置必要的桌椅和音响设备即可。必要时，还可放置一些盆栽、插花等。墙上除了悬挂欢迎标语、双方的LOGO外，尽量不要悬挂张贴诸如奖状、绘画等装饰物。

此外，还要考虑到室内温度、湿度等的调节。室温以24℃左右为最佳。相对湿度一般在50%左右最舒适宜人。

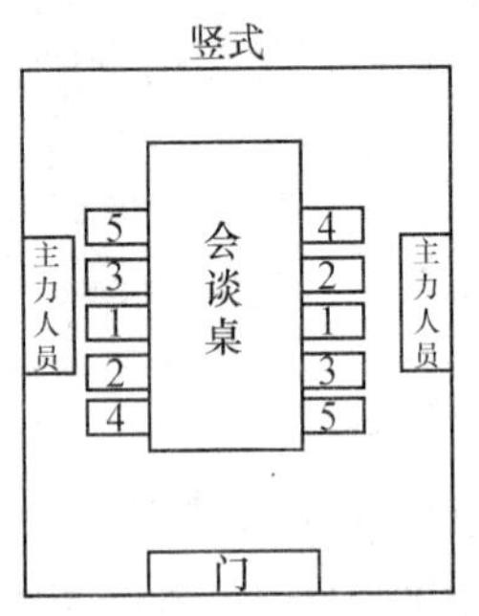


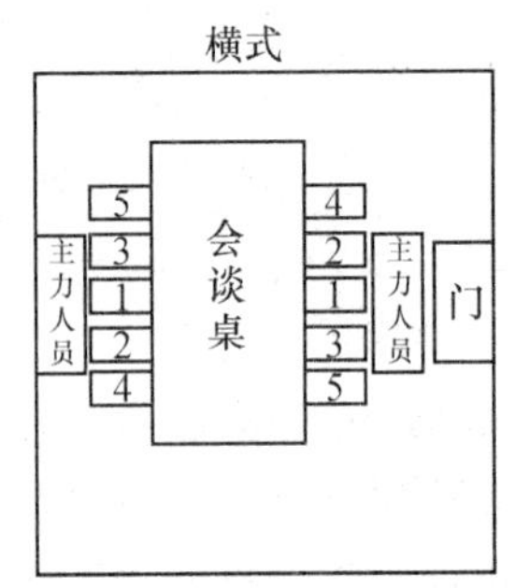

会谈或招待中采取的座式各异，具体的尊卑次序也不一样。但我们需要记住总体的原则是：面门为上、以右为上、居中为上、以远为上、佳座为上、自由为上。

(3)陪同。在迎送接待工作中，陪同是必要的礼仪，但要讲究规格和火候。首先，要了解来访者的整体情况，明确接待陪同方案，并注意各个环节的衔接。陪同的人员要在身份

上、工种上、职位上、性别比上等与来访者的组成相匹配。不论是在会谈还是在参观访问活动中，陪同人员都不能过多，更不要中途换人或不辞而别。陪同过程中要对客人的要求予以重视，并尽量协助解决；对客人的提问要适当准确地回答，自己不清楚或不能确定的问题要向客人说明，不能随便乱说，更不能越权许诺。此外，在陪同过程中，可以适时地向客人介绍本组织或自己，但要注意时间和谈话节奏。

(4)送别，就是送行、告别。送别礼仪就是要求我们按照约定俗成的礼仪来完成对来访者的送行、告别。通常要求是接待方在来宾离去之际，出于礼貌，陪同来访者行走一段路程，或者专程前往来访者返程之处，与之告别，并目送对方离去。在公务和商务活动中，常用的送别形式有道别、话别、饯别、送行等。但是，我们要记住不管是采取哪种送别形式，送别一般是需要来访者先提出要离去后才能进行的，否则会让对方觉得你在厌客、逐客，那样就与你“以礼送客”的初衷背道而驰了。

送别时的气氛要友好。在得知来访者决定返程时，要表达自己和本组织的惜别之情，并真诚地对在接待工作中的不足之处向对象表示歉意，并作出说明。有时，我们也可以向来访者，尤其是远道而来的来访者赠送一些本地区、本单位的纪念品、特产等，以表达友好之情。在送别时，来访者往往会说“就此告辞”、“后会有期”等话，此刻接待方一般会说“一路顺风”、“旅途平安”之类的祝福语。

在送别时，我们要注意几点：一是要适当挽留，但不要表现出过分依依不舍的感觉；二是要起身在后，要让别人感觉想走了，主动起身后，你才起身；三是要伸手在后；四是要送上一程；五是要挥手致意、目送离去。

在送别远道而来的客人时，一般要相应“级别”的接待方成员送其到机场、车站、码头，并陪同客人等待至出发时刻，挥手致意，目送其登机(车、船)。如果由于特殊原因，实在不能亲自前往的，应向客人说明原因，并表示歉意。

## 实践探究

一、各行各业有不同的职场礼仪，结合本专业谈谈要养成哪些职业礼仪？

二、学以致用

2010年8月，公司来了个新同事，在这之前已经工作了四年，按道理应该或多或少积累了一些经验吧，想不到她的表现令人大跌眼镜。

第一天

领导把她安排到我旁边坐，第一天上班，她就跟我抱怨大家互相都不说话，办公室太安静了，我说还好吧，本来上班时间聊天也不合适，所以大家都习惯了各自做各自的工作。

问她以前单位是什么个情况，她说以前同事间时不时总聊两句，我心里想，既然已经换了工作单位，那就意味着改变，如果习惯和规则一成不变，那干嘛要换呢？更何况既然换了单位，就应该做好适应新环境的准备。接着，她问我一个“灌胶”的专业术语，我读出来给她听，并为安全起见要她百度查询下，她却对我说，算了。我想既然我是老同事，那我就主动查询下，然后把英文单词拼写出来交给她，她一句谢谢也没有……

第二天

这就罢了，雷人的事发生在第二天。一大早，她突然冒出来一句：“我考考你！”我心想怎么上班才第二天就想考老同事，太不像话了吧？但我还是耐着性子问，考我什么？想不到她说：“灌胶的英文单词怎么说？”我就习惯性地脱口而出，然后她继续追问我怎么拼写？这时候我真是忍不住了，说昨天是我亲自读给你听又写出来给你，今天你还考我这个有必要吗？然后她就闭嘴了。不知道是她弱智，还是她把我当弱智，即使是搭讪，这么开头也不太合适吧，这是在挑战老员工吗？

第三天

时间到了第三天，她在QQ上问我：“公司的业务一般一个月能够做多少订单/提成？”（不同的行业一般有不同的规则，但大部分行业是不允许员工互相询问自己的业务量及提成的），我回答：“不同的业务员有不同的情况，我不知道别人的。”这话她应该听得懂吧，想不到她很不识趣地接着问：“那你能说说你一个月做多少吗？”实在太无语了，我只好回答：“公司规定不允许互相打探。”这时她才没再继续追问。期间还发生了一些事情，我发现她连很多基本的office系列软件操作都不熟练，实在无法想象，过去四年她学了什么？很多时候看待一个人是从细节入手的，作为一个女生（其实职场跟生活不同，更多的时候只分人，不分男人和女人，不会因为你是女人就手下留情），她跟我借剪刀的时候，我把剪刀柄朝向她递过去，还回来的时候她竟然把刀尖朝向我！

对于这样的同事，我实在很无语。

分析上述案例，从职业礼仪角度给这个新来的同事提出合理化建议。

# 第二单元　知荣辱　有道德

**学习目标：**

知道公民道德和职业道德的基本规范，懂得遵守道德特别是职业道德的意义；

在学习生活中培养并增强爱岗敬业精神和诚信、公道、服务、奉献等职业道德意识；

在学习生活中逐步养成良好的职业行为习惯，做到自觉践行公民道德和职业道德基本规范，做有道德的人。

## 第三课　道德是人生发展、社会和谐的重要条件

牢固树立社会主义荣辱观，加强思想道德修养，遵守职业道德、树立家庭美德、恪守社会公德，做一个知荣辱、讲道德之人，是党和国家对中职学生的期望，也是中职学生自身全面发展、健康成长的必然要求。我国公民应该遵守的基本道德规范有哪些？家庭美德和社会公德是什么？为什么加强个人品德修养是中职学生的人生必修课呢？通过本课的学习，我们将了解道德的内涵和内容，深刻理解并感受良好道德在促进人格完善、人生幸福、家庭和睦、社会和谐中的力量。

### 一、恪守道德规范　加强道德修养

**走进生活**

陈贤妹，女，58岁，是广东省清远市阳山县七拱镇村民。2009年她来到佛山南海，给在当地打工的儿子带孩子。早晚接孙子上幼儿园，平日还在一家饭店帮忙，空闲时捡卖垃圾补贴家用。2011年10月13日，一名两岁零四个月的女童王悦在广佛国际机电五金城一街道先后被一辆面包车和一辆货车碾压，18名路人视而不见、见死不救，陈贤妹救起女童并找到孩子家长。这位身高还不到一米五，体重不足40公斤，年近60岁的老人见义勇为的事迹传到家乡后，父老乡亲们被深深地感动了，一时成为家乡人们的美谈。

如果遇到了类似事例，你会怎么做？

结合上述事例，说说人们是以什么标准来评价社会生活行为的？

社会生活离不开道德。道德是人类特有的调整人与人、人与社会以及人与自然之间关系的行为规范，它以善与恶、荣与辱、正义与非正义等作为判断标准，以社会舆论、内心信念和传统习俗作为指导，约束人们的行为。道德的内容因时代不同会有所变化。

**名言**

修身洁行，言必由绳墨。

——王安石

道德常常能填补智慧的缺陷，而智慧却望远填补不了道德的缺陷。

——但丁

(一)公民基本道德规范

**走进生活**

2011 年 1 月 20 日下午，某区市容 110 联动值班室接到嘉莲派出所值班室来电，称一群众反映自己在吕岭路把一塑料袋内装有 15 万元的巨款当做垃圾扔了，询问附近的保洁员是否捡到。接警员林志凤同志拨通路段管理员的电话时，该管理员语气非常激动，说："我们刚要报警，保洁员肖宝玉刚刚捡到一袋钱，据说里面有好几捆，她紧张得不得了，担心把钱弄丢了，将袋子紧紧地抱在胸前。"原来，保洁员肖宝玉在沿着吕岭路清扫道路时，在一家橱柜店门前看到地上的一个红色塑料袋，她像往常一样自然捡起来，沉甸甸的袋子引起了她的怀疑，打开一看竟是好几捆百元大钞。面对失而复得的巨款，失主黄先生简直不敢相信，每月工资仅有近千元的环卫工人在捡到 15 万元的巨款之后竟然能够如此坦然面对，实在令人敬佩。

据了解，肖宝玉同志十几年如一日，默默无闻地战斗在工作的第一线上。工作勤勤恳恳，任劳任怨。面对失主千声万声的致谢，她只是喃喃地说："没啥，捡到东西应该归还失主，应该的。"

你知道公民基本道德规范包含哪些内容吗？

生活中，有没有不遵守公民基本道德规范的行为？

2011 年中共中央印发的《公民道德建设实施纲要》，提出了我国公民的道德基本规范：爱国守法、明礼诚信、团结友善、勤俭自强、敬业奉献。它涵盖了社会生活的各个领域，适用于不同的社会群体，是每一个公民都应该遵守的行为准则。

爱国守法，要求我们牢固树立国家利益至上的观念，维护祖国的独立和统一、尊严和荣誉，为现代化建设作贡献；要求我们自觉遵守国家法律法规，依法行使公民权利和履行义务。

明礼诚信，要求我们在家庭生活、专业领域和公共场所，能够讲文明、懂礼貌、守规则、行为得体，讲诚信、守信用、诚心待人、诚信处事。

团结友善，要求我们与他人团结合作、共同进步，与人为善、友好相处、互相帮助。

敬业奉献，要求我们在自己的职业岗位上，忠于职守、精益求精、克己奉公、造福社会。

胡锦涛同志在全国政协十届四次会议上提出，要引导广大干部特别是青少年树立社会主义荣辱观，以“八荣八耻”的对比形式，明确分辨人们行为中的是非和善恶，这体现了社会主义基本道德规范的本质要求，体现了社会主义价值观的鲜明导向，为我国公民道德建设竖起了新的标杆。

### （二）社会公德

高学申，男，65岁，濮阳市中原油田建设小区居民，退休医生。提起建设小区的高学申，许许多多的人都知晓他、认识他、熟悉他。因为他十几年如一日地默默为民义诊并帮助他人，天长日久，人们就记住了他。其实，他所做的事情并不难。只是日复一日、年复一年地坚持。可就是因为他的这份坚持、不求任何回报的豁达，让他在坚持与奉献中磨砺出闪光的品质，赢得了他人和社会的尊敬。

高大夫给人看病，推拿理疗，从来不收钱。到家找的、慕名来的、打电话叫的，他都认真对待。到家了，一定给病人端茶倒水，看病走的，还要送到门外，病人都感到十分温暖，像到了自己的家一样。十多年来看了多少病人，出了多少次义诊，连他自己也说不清楚，可他看过的病人却个个竖大拇指。高学申，这位永远闲不住的人，他在十八年里，诠释了一种信念；在十八年里，执守了一份坚持，在十八年里，播撒着自己满腔的爱心……

社会公德的主要内容是什么？

你能举例说明身边遵守社会公德的感人事例吗？

人们在社会交往和公共生活中要遵循社会公德规范。我国倡导的社会公德的主要内容是：文明礼貌、助人为乐、爱护公物、保护环境、遵纪守法。

社会公德是公民生活最基本的行为规范，是社会生活最起码的道德要求，也是衡量社会文明程度的一种标志。

**小贴士**

加强社会公德建设，我们应该做到以下几点：

我为人人：从乘车让座、帮助残疾人过马路等小事做起，养成关心他人的习惯。

互相帮助：没有人万世不求人。当他人发生不幸、出现困难时，要热情帮助、见义勇为，为他人排忧解难，扶危济困。

热心公益：关注社会公益，多献一点爱心，多添一点真情，如捐资救灾、义务献血等。

### （三）家庭美德

**走进生活**

杨贵兰，今年42岁，性情活泼开朗，热爱生活。初到婆家时，杨贵兰还是个娇嫩的年轻姑娘，为了家庭，不管风吹日晒，她都做好自己分内的事。她和丈夫的恩爱邻里皆知，丈夫疼惜她，叫她少做事，她却不听，执意亲力亲为照顾生病的婆婆。在外，她团结左邻右舍、尊老爱幼，邻居一旦有什么困难，她都会主动去帮忙。她用实际行动赢得了邻居的好评。

2006年5月至2008年3月期间，婆婆隔三差五地住院，又是气管炎，又是骨质疏松，腰疼得不能起床，生活无法自理。这期间，她更加细心地照料婆婆，天天端水送药，给老人洗脸洗脚。婆婆上厕所只能用便盆，她就去拿便盆，然后替婆婆解裤带，扶着老人上厕所，一次次，一天天……而最让一家人难忘的是，当时由于婆婆病重，医院下了病危通知书，说由于年老功能衰退，治愈希望渺茫，周围邻居和家里人都觉得没什么希望了，但杨贵兰却坚持不放弃治疗。在医生的竭力治疗和杨贵兰的精心照料下，老人竟慢慢能站立、走动，并渐渐康复了。复诊时，医生说："老人能恢复到这种程度，全靠家里人照料得好，是家人的精心照顾创造了奇迹。"

杨贵兰是平凡的，她没有惊天动地的伟业，没有一鸣惊人的能力，她只是用自己认为"应该做的"思想，指导着自己的行动。但她的影响是不同凡响的，她不仅树立了尊老爱幼的榜样，而且成为新时代好媳妇的楷模。

说一说自己在家庭美德方面的表现情况。

家庭是社会的细胞，幸福生活离不开家庭美德。家庭美德涵盖了夫妻、长幼、邻里之间的关系，是每个公民在家庭生活中应当遵循的行为准则。

自古以来，中国人就特别重视家庭亲情、家庭美德。"父慈子孝、兄友弟恭、夫和妻柔、姑慈妇听、长惠幼顺"等，都是传统的家庭伦理要求。今天在继承传统的基础上，我们倡导的家庭美德规范是：尊老爱幼、男女平等、夫妻和睦、勤俭持家、邻里团结。

今之孝者，是谓能养。至于犬马，皆能有养；不敬，何以别乎？

——孔子

## 二、引领人生发展　促进社会和谐

### (一)良好道德成就人生

在社会主义建设的不同时期,涌现出许多道德楷模,在各自的道德战线上他们做出了平凡而伟大的工作业绩,成为我们学习的榜样。雷锋、焦裕禄、王进喜、孔繁森、郑培民、任长霞、牛玉儒、方永刚、王顺友等就是其中的杰出代表。

搜集整理全国道德模范的先进感人事迹,分析他们身上具有的良好道德品质对他们人生发展的促进作用。

良好的道德有助于我们建立良好的人际关系。在人际交往中,如果具有良好的道德素质,与人为善、真诚率直、具有爱心,我们就会受到他人的欢迎和尊敬,得到他人的同情、理解、帮助、支持和友谊。

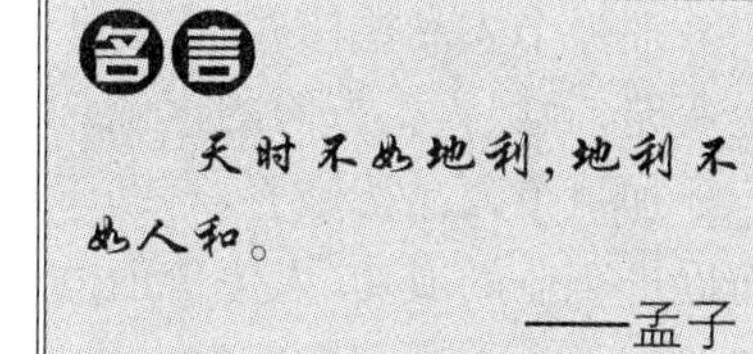


良好的道德有助于提高人的精神境界、促进人的自我完善。道德作为人的内心信念,为我们的人格发展和自我完善提供了真、善、美的标准,激励我们不断奋进,追求高尚,使我们逐步成为有道德的人、道德高尚的人。

良好的道德是人生观和价值观的重要支柱。具备良好的道德,我们就能够在学习和工作中充分调动自身的积极性和创造性,焕发出巨大的精神力量,把自己的潜能最大限度地开发出来。这样,无论遇到什么困难和挫折,我们都能抱着自尊、自信、乐观的人生态度和昂扬的进取精神去克服困难,争取胜利。

### (二)良好道德促进社会和谐

王进喜,甘肃玉门人,是新中国第一批石油钻探工人,全国著名的劳动模范。他率领1205钻井队艰苦创业,打出了大庆第一口油井,并创造了年进尺10万米的世界钻井纪录,展现了大庆石油工人的气概,为我国石油事业立下了汗马功劳,成为中国工业战线一面旗帜。王进喜以"宁可少活二十年,拼命也要拿下大油田"的顽强意志和冲天干劲,被誉为"油田铁人"。王进喜身上体现出来的"铁人精神",激励了一代代的石油工人,中国石油工业迅速发展壮大起来。1959年,王进喜在全国"群英会"上被授予全国先进生产者称号。

结合"铁人精神",谈谈良好道德对社会发展的作用。

道德能够影响经济基础的形成、巩固。养成良好的道德,有利于先进生产力的发展。

道德是社会意识形态的重要组成部分。高尚的道德是社会主义核心价值体系的应有之义。在我国,社会主义核心价值体系是全国人民团结奋斗的共同思想基础。良好的道德不仅是社会主义先进文化的重要组成部分，同时作为重要的价值取向，发挥着引领、促进社会主义文化的发展和繁荣的作用。

道德是构建和谐社会的重要基石，公民道德水平的提高是构建和谐社会的基本要求。只要我们每个人从自己做起，从身边做起，从细节做起，就一定能构建一个人心和善、家庭和睦、人际和顺、世界和平的真正的和谐社会。

> **名言**
>
> 在一个人民的国家中还要有一种推动的枢纽，这就是美德。
>
> ——孟德斯鸠

### (三)加强个人品德修养

加强个人品德修养，有助于提升家庭美德、职业道德和社会公德，有助于奠定社会道德建设的基础。社会公德、职业道德、家庭美德的实现最终都要归结到个人品德，个人品德修养是全民道德建设的基础。

加强个人品德修养，有助于提高明辨是非、善恶、荣辱的能力，在人生行程中使自己少走弯路，确保人生方向的正确。

加强个人品德修养，有助于树立积极的职业态度，使自己扎扎实实做好本职工作，从而促进职业的成功、人生价值的顺利实现。

加强个人品德修养是人生的必修课。中职学生只有积极参加德育活动，切实加强道德修养，不断提高道德判断水平，塑造健康人格，才能成为德才兼备的职业人，真正担当起时代赋予我们的使命。

> 
>
> 我深信只有有道德的公民才能向自己的祖国致以可被接受的敬礼。
>
> ——卢梭

一、设计并制作一些社会公德警示语张贴于教室或寝室墙壁上，或办一次公民道德建设学习园地专刊。

二、故事会

以道德模范的感人事迹为主题，在全班组织一次讲故事会的活动。

# 第四课　职业道德是职业成功的重要条件

职业道德，广义上是指在一定的社会经济关系中，从事各种不同职业的人们在其特定职业活动中所应遵循的职业行为规范的总和，是从业者在职业活动范围内应当遵守的与其职业活动相适应的行为规范，是一定社会中道德基本要求在不同的职业活动中所表现的特定行为规范。这些规范我们应该如何来认识它？而它又在我们的职业生涯当中有什么重要意义？作为中职学生的我们应该怎样培养遵守职业道德规范的意识？

## 一、职业道德的特点和作用

### (一)职业道德的特点

我国《公民道德建设实施纲要》中指出："职业道德是所有从业人员在职业活动中应该遵循的行为守则，涵盖了从业人员与服务对象、职业与职工、职业与职业之间的关系。"

从事一定职业的人在职业生活中应当遵循具有职业特征的道德要求和行为准则，各种不同职业的岗位都有其特定的社会性质和地位，都需要承担特定的社会责任，当然也相应地享有一定的社会权利。职业道德的基本特征有行业差别的特定性、表现形式的多样性、岗位需求的实用性等。

**1. 行业差别的特定性**

行业差别的特定性又称为职业性，每种职业都担负着一种特定的职业责任和职业义务。由于各种职业的职业责任和义务不同，从而形成各自特定的职业道德的具体规范。职业道德总是要鲜明地表达职业义务、职业责任以及职业行为上的道德准则。它不是在一般意义上的社会实践基础上形成的，而是在特定的职业实践的基础上形成的，因而它往往表现为某一职业特有的道德传统和道德习惯，体现为从事某一职业的人们所特有的道德心理和道德品质。

**链接**

根据《中华人民共和国职业分类大典》所划分的职业种类，我国职业共有 8 个大类，66 个中类，413 个小类，1838 个细类(职业)。根据《中华人民共和国工种分类目录》所划分的工种类别，我国共有 45 个行业，4700 多个工种。

行有行规、业有业德，每个行业都有自己的职业道德要求。一般来说，职业道德是在特定的职业活动基础上形成的。各种职业本身利益、社会责任、职业活动内容不同，使得人们在特定的职业活动中形成某种特殊的职业关系、职业责任、职业纪律。职业道德必须符合职业内部人员的心理，能促进内部人员的团结合作，使行业得到生存与发展。例如，医务行业的职业道德规范是“救死扶伤”、“治病救人”、“实行人道主义”等“医德”；商业的职业道德规范是“公平交易”、“保守秘密”等“商德”。

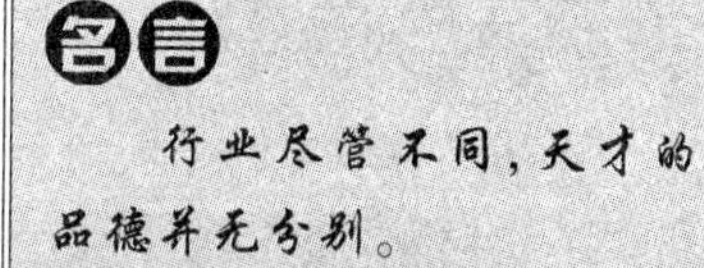


**走进生活**

某一天，重庆观音桥智成人才市场现场招聘会上，注册会计师文女士满怀信心地坐在招聘台前和招聘方交谈。招聘方负责人不停地点头对文女士表示赞同，不停地用笔记录文女士的介绍，后面排队等候应聘的人都对文女士投来羡慕的目光。面试接近尾声，招聘方似乎很随意地问了一句：“××公司财务状况如何?”“不行，贷款已经近 8 亿。”文女士顺口回答。这时，招聘方两名负责人沉默了几秒钟，退回了她的简历，说：“对不起，我们觉得你不适合这份工作!”该公司招聘人后来告诉记者，文女士确实很优秀，遗憾的是她没能做到保守企业秘密。文女士后来也沮丧地告诉家人，自己一出口就后悔万分，怎么能把原公司的商业机密随便透露给其他公司呢? 可见，一个优秀的职业人不论任何时候，都不可以把公司的商业秘密脱口而出!

为了维护自身利益、信誉、尊严，行业必然要制定相应的职业道德规范来约束从业者的职业行为，该职业道德规范适用于该行业特定的职业活动领域，有的人也把它称为职业操守。

**2. 表现形式的多样性**

职业道德的表现形式往往因行业、职业的不同而具有多样性。行业道德规范把普遍适用的职业道德基本规范与特定行业的具体要求结合起来，变成了可操作的具体行为准则。例如，有的行业采用行业公约的形式，有的采用规章制度、管理条例的形式，有的则采用职工守则、岗位要求、员工公约等形式将该行业的职业道德内容展示出来，表现形式的多样性正是行业自身完善和发展的必然结果。

**3. 岗位需求的实用性**

各行各业的职业岗位往往要求从业者具备适应岗位工作所需要的知识、技术和技能。不熟悉行业业务、缺乏职业岗位技能，会导致工作无法做好，这就是不讲职业道德。我国的职业技能等级认定就是岗位需求实用性的体现。如：电视台主持人要求普通话一级乙等；同样在电视台工作的记者不需要普通话那么高的等级，却需要流畅的文字功底和敏锐的信息收集能力。所谓“工欲善其事，必先利其器”，不掌握娴熟的职业技能，必然不能很好地完成本职工作。所以我们中职学生在进校选择专业的时候应该合理考虑自己的能力、特长，综合分析自己的优势，选择适合自己的、自己爱好的行业，珍惜学习的机会，真正把技术学到手，为将来工作打下良好的基础。

你知道你学习的专业的职业资格证书有哪些吗？

**4. 职业道德有强烈的纪律性**

纪律也是一种行为规范，但它是介于法律和道德之间的一种特殊的规范。它既要求人们能自觉遵守，又带有一定的强制性。就前者而言，它具有道德色彩；就后者而言，又带有一定的法律色彩。就是说，一方面遵守纪律是一种美德，另一方面，遵守纪律又带有强制性，具有法令的要求。

## (二)职业道德的作用

从 1991 年开始,李瑞就一直在长途汽车站这样一个嘈杂拥挤、状况百出的地方工作。很多人不明白,面对南腔北调的人的冷漠、不解、抱怨甚至怒气,为什么一个娇小、羞怯、柔声细语的女子,可以连续 18 年留守在这样一个很多人不愿长久逗留的中转站,并且喜爱这里的服务工作。她不厌其烦真诚地帮助每一位向她求助的素不相识的人,不仅自学英语、哑语手势等,而且总结出以“一问、二听、三看、四帮、五到位、六勤、七心”为主要内容的爱心服务法。当上副站长后,她又提出了“5A11”服务目标,并且参与打造了被江苏省和南京市命名为十大服务品牌之一的“爱心始发站”。她多次受到胡锦涛、江泽民、温家宝等党和国家领导人的接见,被评为全国劳动模范、全国十行百佳先进个人、江苏省优秀共产党员。

从上述案例中体会职业道德的作用。

职业道德是社会道德体系的重要组成部分,它既具有社会道德的一般作用,又具有自身的特殊作用,其具体表现在以下几个方面。

### 1. 调节作用

职业道德的基本职能是调节职能。它一方面可以调节从业人员内部的关系,即运用职业道德规范约束职业内部人员的行为,促进职业内部人员的团结与合作。如职业道德规范要求各行各业的从业人员,都应该团结、互助、爱岗、敬业、齐心协力地为发展本行业、本职业服务。另一方面,职业道德又可以调节从业人员和服务对象之间的关系。

### 2. 维护和提高本行业的信誉

一个行业、一个企业的信誉,也就是它们的形象、信用和声誉,是指企业及其产品与服务在社会公众中的信任程度,提高企业的信誉主要靠产品的质量和服务质量,而从业人员职业道德水平高是产品质量和服务质量的有效保证。职业道德一旦转化为从业人员的素质,表现为从业人员的工作,就会极大地提高行业和企业的竞争力,从而带来利润,再刺激行业和企业的发展,形成一个有序的良性循环。

### 3. 促进本行业的发展

行业、企业的发展有赖于高的经济效益,而高的经济效益源于高的员工素质。职业道德既能使一定的社会或阶级的道德原则和规范“职业化”,又能使个人道德品质“成熟化”。从业人员职业素质主要包含知识、能力、责任心三个方面,其中责任心是最重要的,道德品质成熟的从业人员其责任心是极强的。职业道德能促进本行业的发展。

### 4. 提高全社会的道德水平

职业道德是整个社会道德的主要内容。职业道德一方面涉及每个从业者如何对待职业,如何对待工作,同时也是一个从业人员的生活态度、价值观念的表现,是一个人的道德意识、道德行为发展的成熟阶段,具有较强的稳定性和连续性。另一方面,职业道德也是一个职业集体,甚至是一个行业全体人员的行为表现,如

在一个人民的国家中还要有一种推动的枢纽,这就是美德。

——孟德斯鸠

果每个行业、每个职业集体都具备优良的道德，必然会促进整个社会道德水平的提高，必然会促使社会道德风貌的好转，提高全民道德素质。

## 二、遵守职业道德　追求职业成功

爱岗敬业、诚实守信、办事公道、服务群众、奉献社会是各行各业共同遵守的职业道德基本规范，其中敬业、诚信是职业道德规范的重点。

一位同学在毕业后得到的第一份工作是到我国驻英国大使馆做接线员。接线员是大使馆中最基层的工作，虽然是在大使馆工作，但很多人还是觉着很没出息，因为大家认为接线员仅仅是将电话转接，没有什么技术含量。而这位同学却努力将接线员做成了大使馆的“秘书”。她把使馆所有人的名字、电话、工作范围甚至连他们的家属名字都背得滚瓜烂熟。有些电话打进来，一时无法找到要找的人，她总会问清楚什么事，然后尽量找到人。慢慢地，使馆人员有事要外出，并不是告诉他们的翻译，而是给接线员打电话。甚至她工作的电话间，也成了大使馆的信息中转站。后来大使知道了这件事，他没想到接线员的工作都能做得如此出色，便破例跑到电话间，笑眯眯地表扬了接线员，这在大使馆是破天荒的事。没多久，这位同学便被破格调去给英国某大报记者当翻译。随后，又被破例调到美国驻华联络处，她用同样的精神将工作干得十分漂亮。她叫任晓萍，现在是我国驻安提瓜和巴布达大使。

想一想，任晓萍事业成功的原因是什么？

你是怎样理解爱岗敬业精神的？

### （一）爱岗敬业

爱岗敬业，即从业者以正确的态度对待自己的本职工作。职业既是我们谋生的手段，也是我们实现自我社会价值的舞台。“爱岗敬业”是从业者的主观因素之一，也是其职业态度的反映。爱岗敬业能够提高工作效率，增强综合竞争力，促使各行各业更好更快地发展，从业者的职业态度与职业道德是相辅相成的。

敬业不一定是加班，敬业也不一定总是任劳任怨，敬业是把自己的工作当做一种精神享受的人生体验，体现在工作中就是勤奋和主动，就是节俭和意志，就是自信和创新。加班再多而没有效率那不叫敬业，不顾健康而忘命地工作那不叫敬业，机械式的劳动而不用脑筋、没有创新那也不叫敬业。爱岗敬业要求从业者必须具有较强的事业心和责任感，敬职敬责地做好本职工作；反对玩忽职守的渎职行为；克服鄙视体力劳动和服务性职业的社会偏见；尊重平凡岗位的劳动；刻苦学习并掌握相关专业知识，不断提高岗位技能。爱岗是敬业的基础，敬业是爱岗的具体表现。

**1. 乐业**

乐业，就是要求我们要对自己所从事的工作培养起浓厚的职业兴趣，由此激发出强烈的认同感和荣誉心，保持乐观向上的工作态度。

2001年5月，美国内华达州的麦迪逊中学在入学考试时出了这么一道题目：比尔·盖茨的办公桌上有五只带锁的抽屉，分别贴着财富、兴趣、幸福、荣誉、成功五个标签，盖茨总是只带一把钥匙，而把其他四把锁在抽屉里，请问盖茨带的是哪一把钥匙？针对这个问题，比尔·盖茨写给该校的回函里有这么一句话："在你最感兴趣的事物上，隐藏着你人生的秘密。"

我们是否对自己所从事或将来所从事的工作有兴趣呢？有一份报纸曾经进行过一次有奖征答活动，题目是："在这个世界上谁最快乐？"数以万计的答案中有四个最佳答案，他们是：吹着口哨欣赏自己刚完成的作品的艺术家；努力挖沙建筑城堡的孩子；为婴儿洗澡的妈妈；经过艰苦的手术，终于挽救了病人生命的医生。由此可以感受到，人在工作中是快乐的，如果我们没有感受到工作的快乐，不是工作没有乐趣，而是我们缺乏那颗感受乐趣的心。

在工作中，有的人容易心浮气躁，有的人仅仅满足于完成任务，甚至敷衍交差，难以沉下心来以饱满的热情去工作。这样的人很难体味和享受到职业的乐趣，如果能像对待自己的兴趣一样对待工作，结果是会大不一样的。

**2. 勤业**

勤业，要求我们有忠于职守的工作责任心，我国古代思想家非常提倡敬业精神，孔子称之为"执事敬"。岗位就意味着责任。我们要高标准、高质量地完成工作，必须要有强烈的职责意识，必须要有认真负责的态度。我们每个人都有自己的岗位，都承担着繁重的工作，没有较强的敬业精神和工作责任心就不可能做好本职工作。不爱岗就下岗，不敬业就失业！

一个初中刚毕业的青年农民在一个小镇找到了一份门卫工作，他在这个岗位上一干就是60年。在这个清闲的岗位上，他没有悠闲，而是选择了打磨镜片，一磨就是60年。他是那样的专注和细致，磨出的复合镜片的放大倍数比专业人士都高，借助他磨的镜片，他终于发现了当时世界还不知晓的另一个广阔的世界——微生物世界。他获得了巴黎科学院院士的头衔，甚至英国女王也亲临小镇去看望他。他老老实实地把手中的镜片磨好，不仅成了科学家，同时因为专注和劳动，也确保了健康，他活了90岁。他的名字叫万·列文虎克。

### 3. 专业

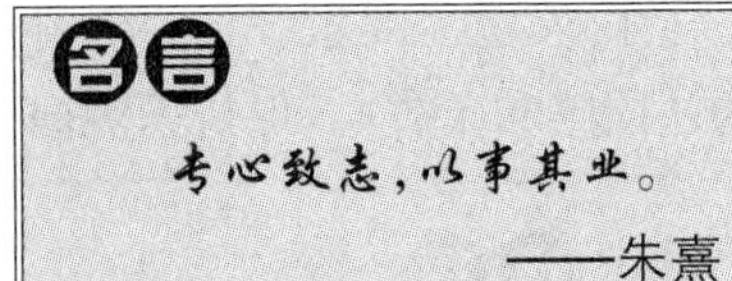


专业，是指集中精力、全神贯注、专心致志，是要求我们有专注的恒心来对待工作。

专注是人获得幸福感的一个关键特质。一个专注的人，往往能够把自己的时间、精力和智慧凝聚到所要干的事情上，从而最大限度地发挥积极性、主动性和创造性，努力实现自己的目标。

**走进生活**

京城七月的一天，一位年过六旬、全国知名的相声表演艺术家早早地走出家门。今天他没有开车，而是招手上了一辆出租车。开车的是个年轻的小伙子，他一见艺术家，心里不禁乐开了花："哎呦，老爷子，离老远我看着就像您，还真的是您啊！"说完，拿出一个笔记本："老人家，给我签个名吧。说实话，我开车三年了，第一次拉您这么大名气的人。"艺术家很认真地给他签了名字，一路也就攀谈下去。半小时后，艺术家下了出租车。之后他又招手上了另外一辆出租车。司机师傅是个女同志，她虽然没有要求艺术家为她签名，但是好奇的问题是一个接着一个……下了这辆出租车，他又招手上了另外一辆。几个小时过去了，艺术家换了四五辆车，绕了大半个北京城。

中午时分，他又上了一辆出租车。开车的师傅是个四十岁左右的中年男子，他看到艺术家时，也很高兴的。不过，在汽车驶上马路后，他就不再言语，这不免让艺术家有点尴尬。直到十分钟后，碰到红灯，这位司机才扭头问道："老人家，今年的春节晚会您还上么？"艺术家刚说了两句话，红灯变绿灯，司机师傅又目视前方，不再言语。到了目的地后，艺术家问他："师傅，做我的专职司机干不干？"司机一愣："老人家，您在和我开玩笑吧！"艺术家笑了："是这样，我的年岁大了，反应也差劲了。上周我自己开车，出了点事故，差点送了老命。老伴和儿女都不放心，说啥也不让我自己开车了。所以我就琢磨聘请一位专职的驾驶员。"中年司机又问："您怎么一下子就相中我啦？"艺术家说："你是唯一的一位在开车的时候不做其他事情的师傅。"

### 4. 精业

**走进生活**

够普通的岗位——吊车司机，够单调的工作——把货物从码头吊上车、船，或是从车、船吊到码头。30个春秋就这样悄然而去。然而，人们说，30年来，从他坚守的这个普通的操作台上流泻出的，不是单调的音符，而是一曲曲华美的乐章。

他，就是青岛港的吊车司机，一个只有初中文凭的桥吊专家，一个一年内就两次刷新世界集装箱装卸纪录的人——许振超。

“干活不能光用力气，还要动脑筋；干一行，就要爱一行，精一行。”

许振超初中毕业后到青岛港当了一名码头工人。每次作业完毕，别人歇着了，许振超还留在车上，练习停钩、稳钩。四五个月后，他开的门机钢丝绳走起来也一条线了，一钩矿石吊起，稳稳落下，不多不少，正好装满一车皮。这手“一钩准”的绝活，很快就被大家传开了。

工作之余，他吊起满满一桶水，练习走钩头，直至练到钩头行进过程中滴水不洒再去装散粮，一抓斗下去，从舱内到车内，平平稳稳，又一个绝活——“一钩清”。

许振超当上了桥吊队队长，他通过控制小车水平运行速度和吊具垂直升降之间的角度，操作中眼睛上扫集装箱边角，下瞄船上装箱位置一点，手握操纵杆变速跟进找垂线，打眼一瞄，就能准确定位，又轻又稳。然后，他专门编写了操作要领，亲自培训骨干并在全队推广，以事实说服人。就这样，“无声响操作”又成了许振超的杰作、青岛港的独创。

2003 年 4 月 27 日，青岛港新码头灯火通明，许振超和他的工友们在“地中海阿莱西亚”轮上开始了向世界装卸纪录的冲刺。经过 6 小时 27 分钟的艰苦奋战，全船 3400 个集装箱全部装卸完毕。许振超和他的工友们创下了每小时单机效率 70.3 自然箱和单船效率 339 自然箱的世界纪录。5 个月后，他率领团队又把每小时单船 339 自然箱这个纪录提高到每小时 381 自然箱。青岛港集装箱“10 小时完船保班”这块品牌，让这项纪录擦得更加金光闪闪，“振超效率”扬名国际航运界！

你从许振超身上感受到的是什么精神？

所谓精业就是要“干一行、爱一行、精一行”，成为本专业精通业务的行家里手。只有精业，工作才有底气，事业才有生气。一个人，在人生不同的阶段有不同的岗位。不同的岗位，就有不同的业务。我们要成为本专业的行家里手，就必须勤于学习、善于学习。要带着问题用心学，边干边学，边学边干，以干促学，以学促干，才能使我们胜任工作岗位。

中职学生走上工作岗位的年龄小，社会阅历浅，加之学历等因素导致只有很少一部分同学能够立马找到自己喜爱或专业对口的工作岗位。学生时期对工作的过高期望等都可能在后来的工作中带来不少消极情绪，所以在工作中我们要适时改变对所从事职业岗位的情感和态度，形成优良的职业道德品质，从而在工作中善于发现，敢于发现，充分发挥自己的优势，结合本职工作，尽量创造条件，促进事业的成功，实现自己的社会价值。

“爱岗敬业”是不是要求我们一辈子只能做一种职业，只能爱一种职业呢？

我们对职业岗位要有一个正确的认识。在社会主义条件下，无论从事什么工作，都没有高低贵贱之分，有的只是功利心的不同，中职学生在选择好了专业之后，就应该对自己以后从事的职业有所了解，抱着爱岗敬业的想法，摒弃投机取巧、好逸恶劳、眼高手低的消极态度，先从学习专业技能开始，培养良好的学习态度，继而发展为正确的工作态度。

## (二)诚实信用　办事公道

香港首富李嘉诚在年轻的时候投身塑胶行业,正是顺应了香港经济的转轨。当时塑胶业在世界也是新兴产业,发展前景广阔。正当他春风得意之时,一家客户宣布他的塑胶制品质量粗劣,要求退货。但他手中仍攥着一把订单。客户拼命打电话催货,延误交货就要罚款,连老本都要贴进去,可是看着自己工厂的老式机器,李嘉诚明白自己的产品质量确实不好,他骑虎难下。有一天,母亲叫他:“儿啊,给妈妈泡一道功夫茶。”儿子泡好茶后,母亲品了几口茶,问:“你认识老家开元寺法号叫元寂那个住持么?元寂年事已高,希望找个合适的接班人。候选人是他的两个徒弟,一个法号一寂,另一个法号二寂。”李嘉诚静静地听母亲说,母亲又接着说:“元寂把这两个徒弟都叫到跟前,说:‘我现在给你俩每人一袋稻谷,明年秋天以谷为答卷,谁收获的谷子多,谁就是我的接班人。’第二年秋天到了,一寂挑来满满的一担谷子,二寂则两手空空。元寂却当众宣布二寂担当接班人。”李嘉诚打断母亲的话:“不是说好谁收获的谷子多,就选谁当接班人么?”母亲笑了笑,说:“是的。一寂听了,也不服气地说:‘分明我收获了一担谷子,二寂颗粒无收,怎么能够让他担任住持啊!’元寂微微一笑,高声地对众人说:‘我给一寂和二寂的谷子,都是用滚水煮熟的。显然,二寂是诚实的,理应由他来当住持。’于是,众人悦服。”母亲忽然话锋一转:“经商如同做人,诚信当头,则无危而不克了。”李嘉诚听罢母亲的话,深有感悟。

比对上述材料,结合一些企业出现的诚信危机,谈谈诚实信用的重要意义。

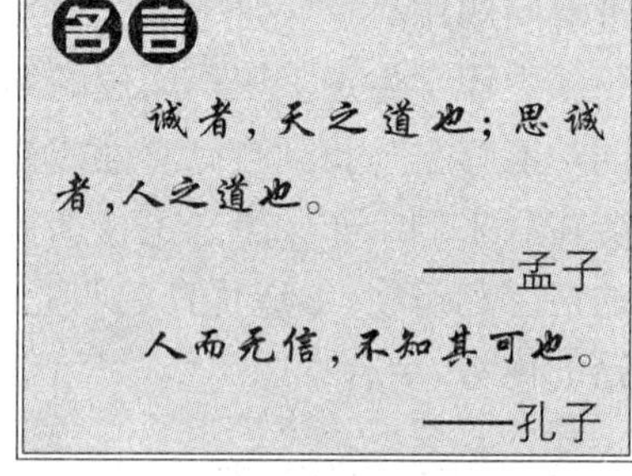


诚实信用,指从业者在履行岗位职责的过程中能够诚实工作、言行一致、信守承诺。良好的诚信度是一个人在这个文明社会的通行证,更是我们的立足之本,是中华民族好的传统美德,也是职业道德的基本要求,是我们端正职业态度、做好本职工作的良好保障。诚实信用是我们为人处世的基本准则,要想做到诚实信用就要在工作生活学习中言行一致,实事求是,信守承诺。

同样,诚实信用也是一个企业赖以生存发展壮大的基本要求。在现代市场经济的条件下,任何一个企业都不希望自己做的是“一锤子买卖”,重合同、守信用的企业有时会暂时地受到挟制,但只要坚持企业诚信原则,消费者必然会接受,市场最终也还是会青睐有信誉的企业。国家质检总局在 2005 年就开展了“中国世界名牌产品”的评价工作,其评价体系中最重要的就是诚信度,失信企业可能暂时在市场中维护了片面的经济利益,但从长期发展来看则必然会失去客户和市场,最终被淘汰。

办事公道，指从业者在处理职业关系、从事职业活动的过程中，公平公正、公私分明。所谓公道，即平等公道地对待所有的服务对象，尊重每个人的合法权利；在职业活动中站在公众的立场上，对每个工作对象和服务对象都做到公平合理，按同一标准办事，出于公心、秉公执法、一视同仁。

办事公道的基本要求是：依法办事不偏私、不歧视，多方合理考虑因素不专断，有客观公正的评价体系，崇尚规范程序，遵守职业制度和职业纪律。办事公道是企业能够正常运转的基本保证，一个企业必须遵守市场规则，依法公平竞争，公平、公开、公正对于企业树立自己的形象，抵制行业内的不正之风，在经济大潮中保持平稳的心态，不走偏激之路有着决定性的作用。

诚实信用和办事公道是社会和谐的重要特征，也是构建和谐社会的道德基础。作为中职学生的我们在平时的生活和学习中应当有意识地培养自己这方面的品质，从身边的小事做起，从自我做起，慢慢地形成一种习惯并保持下去，要有大是大非的判断力，并且拥有追求高尚人格的目标，抛弃背信弃义、弄虚作假、投机取巧、心口不一等消极心态。这样，当我们走上工作岗位时，这一良好的品质必将带给我们更广的发展空间和更多的发展机会。

《吕氏春秋·去私》中记载了一个小故事。说晋平公做皇帝的时候，有一个叫南阳的地方缺一个官。晋平公问祁黄羊："你看谁可以当这个县官？"祁黄羊说："解狐这个人不错，他当这个县官合适。"平公很吃惊，他问祁黄羊："解狐不是你的仇人吗？你为什么要推荐他？"祁黄羊笑答道："您问的是谁能当县官，不是问谁是我的仇人呀。"平公认为祁黄羊说得很对，就派解狐去南阳作县官。解狐上任后，为当地办了不少好事，受到南阳百姓普遍好评。过了一段时间，平公又问祁黄羊："现在朝廷里缺一个法官，你看谁能担当这个职务？"祁黄羊说："祁午能担当。"平公又觉得奇怪，"祁午不是你的儿子吗？"祁黄羊说："祁午确实是我的儿子，可您问的是谁能去当法官，而不是问祁午是不是我的儿子。"平公很满意祁黄羊的回答，于是又派祁午当了法官，后来祁午果然成了能公正执法的好法官。

### (三)服务群众　奉献社会

服务群众，即从业者不管从事何种职业，身处什么岗位或地位，都要为广大人民群众竭诚服务。从业者要一切以群众利益为重，尽量为群众着想，在工作岗位上就是在为群众办事，踏踏实实地干好本职工作，提高服务的质量。群众是零散的，要想服务好群众，只能坚持联系群众，通过真实地与群众沟通和交流，了解服务对象的真正需求才能对自己的工作有促进作用，想当然地臆断不但不能明白群众的真实需求，反而可能在长期的工作中失去目标，妄自尊大，最终被人民群众摒弃。服务群众的基本要求是：从业者在从事职业活动时要文明服务、谈吐文雅、举止大方、礼貌待人、对人民极端热忱；自觉抵制不正之风，服务热情周到，讲究服务质量；在服务中提升道德境界。

奉献社会，指从业者应将自己的全部智慧和力量投入到为社会、集体、他人服务之中。它是集体主义职业道德原则的最高体现，是各行各业不同职业岗位都必须遵守的职业道德规范。它是一种精神领域的高境界，从业者在职业活动中，都应该自觉地遵循服务群众的要求，这样整个社会才会形成一个“我为人人，人人为我”的良好循环状态，社会也会更为和谐。

奉献社会的基本要求是：能够正确认识、对待和处理从业者自身利益和社会利益的关系、经济效益和社会效益的关系，牢固树立“服务”、“奉献”意识，并落实到平时的生活工作中去，自觉地为社会作贡献。在这个过程中，从业者很容易得到书本上学不到的经验，能很好地增加人生阅历，正确的道德观价值观会得到强化，从而有效地提升从业者的道德品格和道德思想境界。

人只有献身于社会，才能找出那短暂而有风险的生命的意义。

——爱因斯坦

1994年7月，年仅19岁的郭巧从陕西省警察学校毕业，被分配到咸阳市秦都公安分局渭阳西路派出所，成为一名户籍警。工作不久，正赶上咸阳市公安局对城区派出所实行户籍微机化管理，对户籍员进行半年集中培训。在培训期间，市局规定每个星期一回所办公一天，但工作量太大，业务根本办不完。因此除周一外，郭巧每天下午培训结束后，立刻赶回所里加班为群众办理户证，一直忙到晚上十一、二点，常常顾不上吃饭。夏季天又热，她脸上、身上到处都是痱子和被蚊子咬的疙瘩，又痒又疼。为期半年的培训结束后，晚上本可以不再加班了，但郭巧看到了这项服务给群众带来的方便，于是克服种种困难，七年如一日地将晚上加班服务坚持了下来。从1995年到她调离派出所的7年里，全咸阳市100多个派出所唯一实行周二、四、五昼夜服务和晚上住所服务的就是郭巧。郭巧在平凡的工作岗位上取得了成绩，她曾多次荣立二、三等功，先后被评为咸阳市优秀人民警察、陕西省十佳民警、全国优秀人民警察、全国城镇妇女巾帼建功标兵、全国优秀共青团员，并被选为共青团第十四届、第十五届中央委员。

人生的真正价值在工作中最能体现，爱岗敬业、诚实信用、办事公道、服务群众、奉献社会是各行各业对从业者职业道德行为的普遍要求。热情服务、无私奉献不是过时的道德要求，而是职业道德永恒的主题。职业的本质就是为人民服务，所以中职学生不要妄自菲薄、过分自卑，而应该努力学好基本知识，练好技能，立足于岗位实践，努力提高服务和奉献社会的水平。

### (四)增强廉洁意识　抵制职业腐败

在职业生活中,有时会出现一些腐败现象,这些消极现象直接或间接地损害了本行业和企业的形象和声誉,降低了行业的地位,继而影响了行业的发展之路。职业腐败会消磨从业者的生产积极性和工作热情,小则影响行业企业的声誉,大则可能会造成社会财富的浪费,破坏社会生产力,践踏职业道德规范,败坏社会风气,继而影响社会经济的发展。

职业道德状况是社会风气的晴雨表,行风的好坏,不仅反映着本行业的自身形象和整体素质,而且对社会风气的改善有着巨大的影响。常绿的生命之树,吸取着充足的雨露和阳光,灿烂的职业道德之花,植根于挚爱和深情的肥沃土壤。

作为中职学生的我们现在要随时提醒自己,从身边小事做起,树立职业理想,树立正确的世界观、人生观、价值观。在平时的生活中学习中有意识地锻炼自己的鉴别能力,认清社会万象,提高自己的免疫能力,自觉远离各种不良诱惑,同时加强法制意识,做知法、守法的职业人。在将来的工作岗位上,恪尽职守、勇于创新、兢兢业业,完美地实现自己的人生价值。

## 三、遵守行业道德规范

(本框的具体教学内容,根据相关专业和行业的特点由学校和老师自行选定)

行业道德规范是与该行业的个性特征相适应的具体的道德行为规范,是共同职业道德的行业化和具体化。它把普遍使用的职业道德基本规范与特定行业的具体要求结合起来,变成了可操作的具体行为准则,使之成为从业人员可以理解并便于执行的行为规范。我们必须从自身做起,从现在做起,培养自己对工作的责任感、道德感,发挥自己的责任心,认真履行职业道德。只有这样,才能把我们的国家建设得更加强大,更加繁荣。

有同学认为只有特殊行业才需要特殊人才、特殊自律和高标准的职业道德,而一般的职业、一般的职场人士则不需要这么高的要求。其实,职业道德不限行业、不限岗位,一律都应该高标准、严要求。我们要将职业道德建设、共同理想同各行各业、各个单位的发展目标结合起来,同个人的职业理想和岗位职责结合起来,这样才能增强员工的职业观念、职业事业心和职业责任感,使其干一行、爱一行,脚踏实地干事业。

钱伟长(1912~2010),江苏无锡人,中国近代力学之父,著名的科学家、教育家。钱伟长早年攻物理学,留学加拿大期间已经显露出非凡才华。28岁时,他的一篇论文已经让爱因斯坦大受震撼,并迅速成为国际物理学的明星。抗战结束后,钱伟长坚持回到祖国,在艰苦的条件下,他拒绝美国科学界的诱惑,忠于祖国,坚持实现“科学救国”的抱负,为新中国开创了力学科学教育体系。他学贯中外,对中国科学事业的发展作出了巨大的贡献。1957年,钱伟长被错划为右派,受到不公正待遇,但是钱伟长仍然没有放弃科研和对祖国的忠诚。1977年以后,他不辞辛劳,去祖国各地做了数百次讲座和报告，提倡科学和教育，宣传现代化，为富民强国出谋划策。1990年以后，他为香港、澳门回归祖国及和平统一祖国的大业奔走。他在科学、政治、教育每个领域取得的成就都是常人无法企及的。钱伟长说："我没有专业，国家需要就是我的专业；我从不考虑自己的得与失，祖国和人民的忧就是我的忧，祖国和人民的乐就是我的乐。"他用六十多年的报国路诠释了自己一直坚持的专业：爱国。

### （一）窗口行业道德规范

窗口行业是展示国家和地区精神文明建设成果的重要途径，如果窗口行业的从业者能够以人为本，为人民群众提供优质服务，不仅能方便人民群众的工作、生活，而且也能传播崇高和道德，对社会和谐起到积极的推动作用。

**1. 理想信念**

要以集体主义为价值导向，放眼社会整体利益，努力做好本职工作，全心全意为人民服务。

**2. 工作态度**

工作态度就是劳动者对待自己岗位职责的态度，是其敬业精神、工作责任心、专业技能、价值观念等个人素质的外在表现；是劳动者个人对社会、对其他社会成员履行各种劳动义务的重要基础。

**3. 岗位责任**

在市场经济的条件下，无论是集体还是个人，都拥有自己一定的责、权、利。在这三者关系中，责任和权利是呈正比的关系，而利益则是平衡责任和权利的杠杆。

**4. 职业良心**

职业良心，是指窗口行业的从业者对岗位责任的一种自觉意识。职业良心能够促使人们依据行业的道德要求，对个人的行为动机进行自我监督、自我检查和自我修正。讲职业良心，对于以单独操作为工作特点、个人承担重大社会责任的窗口行业来说，尤为重要。

**5. 职业荣誉**

它是岗位责任和职业良心的评价尺度，是职业良心中的知耻心、自尊心、自爱心的表现，职业荣誉是社会对个人履行社会义务的德行和贡献的赞赏和评价，是职业行为的价值体现和价值尺度。

**6. 行业纪律**

行业纪律是一种职业行为的规范。它要求劳动者在职业生活中遵守秩序、执行命令和履行自己的职责。它是调节行业内部关系、行业与社会之间的关系、服务者和被服务对象之间关系的重要方式。

**7. 行业作风**

作风是一种巨大的工作动力，行业作风是指本行业职工在职业生活中的习惯和风气。

### (二)国家公务员道德规范

国家公务员由于地位、作用以及职业活动的特殊性决定了其不仅要遵守一般群众应该遵守的道德规范，而且还必须践行与其从事的工作性质密切相关的更高层次的职业道德规范。众所周知，公务员职业道德最基本的原则是全心全意为人民服务，其最主要的规范是公、实、廉。

**1. 公：一心为公　公而忘私　公道正派**

(1)一心为公。公务员是中央和地方各级人民政府行使国家行政权力、实施国家行政行为的主体。这个根本属性决定了公务员的职业行为必须无条件地服从国家意志，处处考虑和维护国家的尊严和政府的声誉；坚持正确的政治方向，坚定不移地走建设有中国特色社会主义道路；同党中央保持高度一致，坚决贯彻执行党的基本理论、基本路线和各项方针政策；忠诚党的事业，热爱本职工作，有强烈的事业心和高度的责任感。

(2)公而忘私。公务员必须正确处理好国家利益、人民利益和个人利益之间的关系。当国家利益或人民利益与个人利益之间发生矛盾的时候，个人利益必须服从于人民利益，只有在保障人民利益的前提下，公务员才能实现个人利益与人民利益的统一。这是公务员职业道德规范中处理利益取舍问题时最起码、最基本的要求。

(3)公道正派。公务员的职业性质决定了不管他头上有没有“帽”，手中总会有点“权”。要使公务员能够正确行使权力，切实保证其全心全意为人民服务的宗旨不变，就必须使公务员具备执政为民、用权为公、奉法习理、正直无私、公事公办等职业道德规范。

**2. 实：实事求是，一切从实际出发，说实话，办实事，做老实人**

(1)实事求是，一切从实际出发。这是公务员在行使行政管理权力，执行公务时必须遵循的又一主要的职业道德行为规范。邓小平同志指出：“实事求是，是无产阶级世界观的基础，是马克思主义的思想基础。过去我们搞革命所取得的一切胜利，是靠实事求是，现在我们要实现四个现代化，同样要靠实事求是。”公务员肩负着上传下达以及管理政务的重任，要使政策“从群众中来又到群众中去”，真正反映人民的意志。

(2)说实话、办实事，做老实人。公务员要体恤民情，尊重民意，一切从群众出发，一切为了群众。党政机关干部要急人民群众所急，想人民群众所想，办人民群众之需，要时刻把人民群众的疾苦挂在心上，切切实实地为群众办好事、办实事。敢说实话的公务员往往敢于面对现实，不回避现实、不哄骗上级、不欺骗人民群众，勇于道出事实的真相，发现上级领导的缺点和错误，敢于理直气壮提出批评。也正因为这样，敢说实话的公务员最终得到群众的好评和赞扬。说实话、办实事，做老实人的根本要求就是：不唯书、不唯上、只唯实。

**3. 廉：清正廉洁**

作为国家公务员，首先必须以身作则，坚决维护宪法和法律的尊严，成为遵守宪法和法律的模范。同时，要严格依法办事，以保证公务活动符合国家利益和人民利益。其次，党政机关干部不仅要自觉遵守社会公德等一般道德要求，而且必须责无旁贷地遵守并践行社会所弘扬和倡导的占主导地位的道德准则。具体要求是：一身正气，两袖清风，洁身自好，不贪财，不利用职务和工作的便利中饱私囊，不利用职权索贿受贿、贪赃枉法。清正廉洁的职业道德规范既是公务员公正无私执行公务的需要，也是消除政府机构腐败现象的重要保证。

**(三)医生道德规范**

医生的职业道德也就是通常所说的医德。医德不仅适用于医生，也适用于护士以及医药技术操作等与医疗相关的各方面人员。医疗工作的特殊性决定了一切临床医务人员必须时刻自觉地以高尚的医德标准来严格要求自己。对每一个直接和间接与病人有关的细微环节，都应该极其负责、认真对待。

**1. 同情尊重，一心赴救**

这就要求，对服务对象的病痛要有一种理解、体谅和全力解救的深切感情，要尊重病员的人格，排除干扰、全力以赴地救死扶伤，并积极防病治病，增进人民身心健康。时刻为病人着想，千方百计为病人解除病痛，救死扶伤，实行社会主义的人道主义。切不可熟视无睹、无动于衷、麻木不仁、冷若冰霜，更不能认钱不认人，将病人拒之门外，见死不救。

**2. 严肃认真，一丝不苟**

医务人员要以严肃的态度、准确的知识、精湛的技术、严密的观察、周密的思维、严格的纪律、谨慎的操作来认真对待和开展医务工作。

**3. 平等相待，一视同仁**

在对待病人的态度问题上，医务人员首先要尊重病人的人格与权利，对待病人不分民族、性别、职业、地位、财产状况，一视同仁。那种蔑视人的人格，不平等待人，甚至利用职权搞不正当关系、谋求私利的行为，显然是违背社会主义医德规范的，应当受到抵制和谴责。

**4. 举止端庄，严守医密**

举止端庄，就是要求医务人员要用良好的仪态对待病人，在与病人交往中要讲究文明礼貌，语言文明、态度和蔼，同情、关心和体贴病人，同时，医务人员不得泄露病人的隐私与秘密。

**5. 钻研业务，精益求精**

现代医学日新月异，知识更新加速，更需要广大医务人员严谨求实、奋发进取、钻研医术、精益求精，不断更新知识，提高技术水平。

**6. 谦虚诚实，团结协作**

这就要求医务人员树立整体观念，顾全大局，相互谦让，相互支持，尊重同行，尊老扶新。

**(四)教师道德规范**

教师是人类灵魂的工程师，是学生成长的引路人。教师的思想政治素质和职业道德水平直接关系到学生的健康成长，关系到国家的前途命运和民族的未来。加强教师职业道德建设，提高教师的师德素养，对于确保党的事业后继有人和社会主义事业兴旺发达，全面建设小康社会，构建社会主义和谐社会，实现中华民族伟大复兴，具有十分重要的意义。

**1. 爱国守法**

作为一名人民教师，首先应热爱祖国，热爱人民，拥护中国共产党的领导，拥护社会主义；全面贯彻国家教育方针，自觉遵守《教师法》等法律法规，依法履行教师职责和义务；不得有违背党和国家方针、政策的言行。

**2. 爱岗敬业**

作为教师必须不断提高廉洁自律的自觉性，抵制拜金主义思想的侵蚀，甘于清贫，淡泊明志，永葆“一身正气，两袖清风”的高贵品质，无愧于人民教师的光荣称号；忠诚人民教育事业，志存高远，对工作高度负责，勤勤恳恳，兢兢业业，甘为人梯，乐于奉献；认真备课上课，认真批改作业，认真辅导学生；对工作不敷衍塞责。

**3. 热爱学生**

教师在日常教学中应做到关心爱护全体学生，尊重学生人格，平等、公正对待学生；对学生严慈相济，做学生的良师益友；保护学生安全，维护学生合法权益，促进学生全面、主动、健康发展；不讽刺、挖苦、歧视学生，不体罚或变相体罚学生。

**4. 教书育人**

能否正确对待学生，真正爱护学生，做到循循善诱、诲人不倦，是教师职业的一个根本性的问题，也是衡量教师师德水准高低的主要标志。水平高的教师应实施素质教育，遵循教育规律，勇于探索创新，不断提高教育教学水平；培养学生良好品德，塑造学生健全人格，启发学生创新精神；不违规加重学生课业负担，不以分数作为评价学生的唯一标准。

**5. 为人师表**

作为重要的名教师，不仅是知识的传播者，也是学生的道德榜样，教师的品德作为重要的教育因素始终在教育过程中起着潜移默化的作用。因此，我们的教师要在思想、品德、工作、学习、生活各方面都成为学生的表率和榜样，要知荣明耻，严于律己，以身作则。具体来说，教师要衣着整洁得体，语言规范健康，举止文明礼貌；谦虚谨慎，团结协作；平等对待学生家长，认真听取意见和建议，不以粗鲁言行对待家长；廉洁奉公，自觉抵制有偿家教，不利用职责之便谋取私利。

**6. 终身学习**

它要求教师对科学文化知识有强烈的求知欲和刻苦钻研的精神，要不断吸取新知识、新观点、新成果，使自己在教学过程中有不断的源头活水；树立终身学习的目标，遵守教师培训制度，不断学习、与时俱进，自觉更新教育观念，完善知识结构，潜心钻研教育教学业务，不断提高自己教书育人的能力水平。

**（五）会计道德规范**

在市场经济条件下，存在着利益主体多元化格局，而多元化利益主体的各种经济活动皆以利益驱动所致，会计人员处于多元利益主体的中心，肩负着客观、公正处理各方利益的艰巨重任。

**1. 爱岗敬业**

这就要求会计人员热爱会计工作，安心本职岗位，忠于职守、尽心尽力、尽职尽责。

**2. 诚实守信**

这就要求会计人员做老实人、说老实话、办老实事，执业谨慎、信誉至上，不为利益所诱惑，不弄虚作假，不泄露秘密。

**3. 廉洁自律**

这就要求会计人员公私分明、不贪不占、遵纪守法、清正廉洁。

**4. 客观公正**

这就要求会计人员端正态度、依法办事、实事求是、不偏不倚，保持应有的独立性。

**5. 坚持准则**

这就要求会计人员熟悉国家法律、法规和国家统一的会计制度，始终坚持按法律、法规和国家统一的会计制度的要求进行会计核算，实施会计监督。

**6. 提高技能**

这就要求会计人员增强提高专业技能的自觉性和紧迫感，勤学苦练，刻苦钻研，不断进取，提高业务水平。

**7. 参与管理**

这就要求会计人员在做好本职工作的同时，努力钻研相关业务，全面熟悉本单位经营活动和业务流程，主动提出合理化建议，协助领导决策，积极参与管理。

**8. 强化服务**

这就要求会计人员树立服务意识，提高服务质量，努力维护和提升会计职业的良好社会形象。

**链接**

下面列举了九种行业的职业道德规范，供大家学习和了解。

(1)司法工作者的职业道德规范

立场坚定，爱憎分明；秉公执法，不徇私情；清正廉洁，不畏权势；机智果断，谦虚谨慎；热爱群众，尊重同事。

(2)科技工作者的职业道德规范

刻苦钻研，勇于创新；坚持真理，不怕挫折；治学严谨，大胆探索；学术民主，争鸣自由；团结协作，公平竞争。

(3)文艺工作者的职业道德规范

刻苦学习，认真创作；技艺精湛，服务群众；思想健康，作风正派，相互尊重；虚心听取群众意见，尊重他人创作成果。

(4)财会工作者的职业道德规范

诚信为本，不做假账；当好参谋，严于监督；珍惜资产，讲究效益；守法奉公，顾全大局。

(5)军人的职业道德规范

热爱人民，热爱和平；保卫祖国，勇于献身；服从命令，听从指挥；刻苦训练，技术过硬；作风顽强，勇敢无畏。

(6)产业工人的职业道德规范

质量第一，用户至上；遵守纪律，服从调度；钻研技艺，提高技能；勤奋劳动，团结协作；勤俭节约，艰苦创业。

(7)营销人员的职业道德规范

通晓业务，优质服务；公私分明，廉洁奉公；平等互惠，诚信无欺；当好参谋，知道消费。

(8)旅游、餐饮服务人员的职业道德规范

热情友好，宾客至上；文明礼貌，优质服务；不卑不亢，一视同仁；真诚公道，信誉第一；钻研业务，提高技能；互相支持，顾全大局。

(9)外贸人员的职业道德规范

维护国家利益；遵守外事纪律；严格把关，一丝不苟；不卑不亢，维护国格人格；精通业务，提高效率。

请整理你所学专业的职业道德要求。你自己离这些要求还有多大差距？你打算怎样缩小这些差距？

**实践探究**

一、思考与感悟

2006年12月14日，济南第二十中学的学生在“诚信考场”内参加考试。当日，济南第二十中学为参加月考的学生设立了无人监考的“诚信考场”，以此来培养学生的诚信观念。考前学生签名承诺自觉遵守考场纪律，并填写“诚信警示卡”。

请结合上述资料谈谈你对“诚信考场”的看法和感受。

二、案例分析

数年前，有一名座椅制造商雇用一批年轻人以手工来制造椅子。商人依据每人制作出来的椅子数量，每周付款一次，但有一个条件：每一张椅子要在合格检验后，工人才能取得应得的工资。这名制造商非常留意其中两名青年人——小罗和小何。这两个人每周都分别造出很多好的椅子，而且很少有不合格的情形。随着时光的流转，制造商需要找一位监工了。他想到了要从这两人之中选出一位来担任。制造商将所有工人召集起来，并宣布为了赶工，只要椅子造好了，不必管是否通过检验，他都计件付酬。于是，椅子的产量大大地增加了，但相对的，椅子的不合格率也增加了。这时，制造商特别去检查小罗和小何所做的椅子。结果，小罗所做的椅子之品质跟往常一样的好，但小何在新政策下做的椅子却有一半不合格。

如果你是这位制造商会选择谁当监工？为什么？

# 第五课　养成良好的职业行为习惯

一个人在事业上能否成功是要受各方面的因素所影响的，其中最主要的影响因素是个人信念、个人品质和个人的行为习惯，而职业素质直接影响着就业，所以职业行为习惯的培养是提高学生的职业素质、实现人才培养目标与职业要求无缝对接的最有效途径。要想成为受社会欢迎的高素质人才，在就业时有更多的选择余地，那么就必须具备较强的责任感，在工作上有较高技能和良好的职业行为习惯。那么，怎样才能养成良好的职业习惯呢？

## 一、职业道德养成的途径和作用

### （一）职业道德养成的途径

作为中等职业学校的学生，毕业后大部分人都将会直接走上工作岗位，在这样一个重要阶段，既应该关注自己的身体健康、技术知识积累，也应该抓住时机养成良好的职业习惯和意志品质。有调查显示，从业人员的敬业精神、进取精神、沟通能力、职业技术和人品等因素与工作者的职业稳定、职务升迁、收入增加等有着重要关联，我们中职学生在平时的生活学习中应该充分认识到它的重要性，要自觉加强这方面的培养。

**1. 从小事做起，涵养职业道德**

养成良好的习惯是职业道德养成的基础，好的习惯会让人终身受益，坏的习惯则是人一生的羁绊。要想养成良好的习惯首先就要客观地审视自己，意识到自己的不足，然后从点滴小事抓起，以日常生活为载体，培养良好的行为习惯。有了良好的生活学习习惯，未来才可能养成良好的工作习惯，以更大的热情投入工作，作出更多的贡献，从而实现自己的人生价值。所谓习惯成自然，我们要努力树立用自己的力量去影响身边人的意识，不怕奚落，不怕受委屈，心中有大是大非的观念，坚持做自己。

**2. 从现在做起，加强自我修养**

(1)反思内省

君子博学而日参省乎己，则知明而行无过矣。

——荀况

反思是一种精神的自我活动和自省方法，是反过来对自身的认识。内省出自《论语·里仁》:“见贤而思齐焉，见不贤而内自省也。”指的是以他人为认识对象，在与他人的比较过程中得以警醒、悟得的内心活动。在道德领域，“反思内省”作为道德修养的一种方法，强调道德主体对道德价值观念以及道德言行的反映，是主体在没有外力的压迫下，主动自觉的行为。“反思内省”的目的不仅是对过失的追悔和觉醒，更重要的是调节从行业者自我的思想认识和言行，不断实现自我超越从而不断完善自我。

孔子的学生曾参勤奋好学，深得孔子的喜爱，别人问他为什么进步那么快？曾参说，我每天都要多次问自己：替别人办事是否尽心尽力？与朋友交往有没有不诚实的地方？传授别人的东西自己有没有做不到的？孔子主张人应在人世间寻求与他人的契合，在求诸他人之时首先求诸自身：我是否做到了？以此感化世人，引导世人。

(2)慎独

慎独，是中华民族道德实践进程中一个古老而特有的修养方法。一个有道德修养的人在别人看不见的时候，总是非常谨慎的，在别人听不见的时候，总是十分警惕的。从最隐蔽处最能看出人的品质，从最微小处最能显示人的灵魂。所以，越是独自一人、没有任何监督时，人越要小心谨慎，不做违反道德的事。

君子之自行也，敬人而不必见敬，爱人而不必见爱。敬爱人者，己也；见敬爱者，人也。君子必在己者，不必在人者也。

——《吕氏春秋·必己》

君子戒慎乎其所不睹，恐惧乎其所不闻，莫见乎隐，莫显于微，故君子慎其独也。

——《礼记·中庸》

慎独不仅是一种具体的良好品德修养方法，也是一种更高的道德境界。在日常生活中，人的一举一动、一言一行不可能时时处处都受到外在力量的监督。为此，我们不但要“慎思”，而且要“慎言”、“慎行”；我们不但要注意从“隐”处下工夫，而且要注意在“微”处下工夫。

今天，我们强调“慎独”，就是要求我们在良好道德品质的养成过程中，注重自我磨炼，注重自我约束，注重自我规范。从严格意义上来说，一个人一生行为的得与失、功与过、善与恶、好与坏全在于自己，而不在于他人。事实证明，当代中职生只要很好地实践“慎独”，就能锻炼自己在良好道德品质养成方面的自我主宰能力，真正把良好道德品质的养成作为自我发展、自我完善的内在要求，从而使自己成为一名真正合格的新时代建设人才、建设有中国特色社会主义的劳动者和接班人。

(3)树立好榜样、激励自己

每个人心中都有信仰,没有信仰的人对生活会充满迷茫。内心榜样的力量是无穷大的。结合现实生活中的实事,从各种渠道收集道德高尚的人的先进事迹,认真阅读,仔细思考,并以此来激励自己,加强道德修养的意识,努力提高职业道德素质,是我们中职学生道德修养和职业素质提升的有效途径。

要学习职业道德榜样,首先要善于发现榜样、选好榜样。可能是一句话、一个动作、一件小事,只要你认为做得好做得对,都可以把他树立为榜样,把榜样的精神转化为我们内心深处的目标,拿出克服困难的决心和动力,学习先进,提升道德素养,升华道德境界。向榜样学习,要高标准、严要求,并且持之以恒。道德模范不是高高在上的道德"神仙",他们都是普通人,都做着普通人的事,过着普通人的生活。道德模范给人们的一个重要启示是,普通人在普通的事情上、在普通的生活中,如果能够持之以恒地、自觉自愿地将一般的道德要求转化为切实的具体行动,就可以培养出高尚的道德品性。道德发展的主动性和自觉性表明,只要有提升自己的道德素质的愿望,再经过不断的道德努力,道德模范能够做的,我们中职学生也能够做到。

袁隆平,男,77岁,国家杂交水稻工程技术研究中心暨湖南杂交水稻研究中心主任,中国工程院院士。他为了杂交水稻事业,几十年如一日,矢志不移,默默奉献。刚开始研究时,许多人说他是自讨苦吃,他坦然回答:"为了大家不再饿肚子,我心甘情愿吃这个苦。"研究条件的简陋艰苦、滇南育种遭遇大地震的威胁、上千次的实验失败,都动摇不了袁隆平研究杂交水稻的决心。几十年来,他像候鸟一样追赶着太阳,南来北往育种。袁隆平注重实践。他说,书本上、电脑里种不出水稻,他始终坚信真正的权威来自实践。"我不在家,就在试验田;不在试验田,就在去试验田的路上。"在第一线的坚守,使他抓住了科学的灵感,锻造出了战略性眼光。袁隆平甘为人梯。他注重培养杂交水稻科研人才,将团结协作看做是打开成功之门的钥匙。他捐出奖金,设立了科研基金和农业科技奖励基金;他将实验材料"野败"毫无保留地分送给全国18个研究单位,加速了"三系"杂交稻研究的步伐。在他的培养和带领下,我国杂交水稻界精英辈出,研究成果层出不穷,30多年来一直处于世界领先地位。袁隆平永不满足。从"三系法"到"两系法",从一般杂交稻的成功到超级杂交稻一期、二期再到三期,他将水稻产量从平均亩产300公斤左右先后提高到500公斤、700公斤、800公斤。到2010年,他带领的试验团队种植的第三期超级稻已经实现试验田亩产900公斤的任务。袁隆平1987年获联合国教科文组织颁发的科学奖,2001年获国务院颁发的2000年度国家最高科学技术奖,2004年获世界粮食奖励基金会颁发的世界粮食奖,2007年4月就任美国科学院外籍院士,被誉为"杂交水稻之父"。

(4)参加社会实践,培养良好习惯

在现实社会生活中,实践是职业道德行为养成的根本途径。要养成良好的职业道德和职业行为习惯,需要在校时的刻苦训练,也需要在实际岗位上的正规训练。所以,学习是终身的,活到老、学到老。在学校学习的是基本职业技术,在实习时要尽快熟悉岗位,在工作时要细心,找到适合自己的、又符合工作规程的工作方式。这样才能很快融入到工作环境中,迅速培养起自己的良好职业习惯。

一根小小的柱子,一截细细的链子,拴得住一头千斤重的大象,这不荒谬吗?可这荒谬的场景在印度和泰国随处可见。那些驯象人,在大象还是小象的时候,就用一条铁链将它绑在水泥柱或钢柱上,无论小象怎么挣扎都无法挣脱。小象渐渐地习惯了不挣扎,直到长成大象,虽然此时大象可以轻而易举地挣脱链子,但他却已不会挣扎。小象是被链子绑住,而大象则是被习惯绑住。

播下一个行动
收获一种习惯
播下一种习惯
收获一种性格
播下一种性格
收获一种命运
是呀
世界上最可怕的力量是习惯
世界上最宝贵的财富也是习惯
一个企业
一个国家
一个民族
是如此,
对于人的一生,
更是如此。

——美国著名教育学心理学家　威廉·詹姆士

### (二)职业道德养成的作用

胡锦涛总书记在会见全国道德模范时指出,全党全国都要以道德模范为榜样,自觉实践社会主义荣辱观,努力在全社会进一步形成知荣辱、讲正气、促和谐的良好风尚。当今世界人们的价值观念发生了很大变化,社会生活的丰富性和多样性使得人民的价值选择呈多元化趋势。虽然现代社会多元价值的共存是一个客观事实,但这并不表明所有的价值观念都是合理的和正确的。在多元化价值中,那些错误或消极的价值观念对公民道德建设形成了强大冲击。我们中职学生的信息渠道广,分辨能力差,需要随时提高自己的精神修养,自觉抵制不健康、不文明的行为。

职业道德对于良好社会风尚的形成尤为重要。社会风尚是人们精神面貌和社会关系的综合反映,由于每一行业都以自己独特的方式与整个社会发生联系,各行各业的人际关系和人员品德状况都不同程度地影响着社会的道德风尚和习俗,因此职业道德对社会风尚具有很大的影响。如果每个劳动者都能自觉地遵守和履行职业道德,必然有利于促进和谐人际关系和良好社会风尚的形成与发展。

推动物质文明建设最终还是要靠职业道德。当各类从业人员把相应的职业道德要求转变为自己的职业道德信念和责任感,形成较高的思想觉悟和精神境界时,就能够正确地处理个人、职业和社会之间的关系,自觉地承担社会责任和义务,充分发挥自己的主动性、积极性和创造性,这必然会对社会的物质文明建设起到巨大的推动作用,同时也将使自己的人身价值得以体现。

## 二、自觉主动地学习职业道德榜样

**走进生活**

本着为人民服务的信念,从 1955 年 11 月到百货大楼站柜台开始,30 多年的时间接待顾客近 400 万人次,没有跟顾客红过一次脸,吵过一次嘴,没有怠慢过任何一个人,他的名字叫张秉贵。北京百货大楼当时是全国最大的商业中心,客流量大,加之物资相对匮乏,顾客通常要排长队。张秉贵便下决心苦练售货技术和心算法,练就了令人称奇的“一抓准”、“一口清”技艺。所谓“一抓准”,就是指张秉贵一把就能抓准分量,顾客要半斤,他一手便能抓出 5 两;“一口清”则是非常神奇的算账速度,遇到顾客分斤分两买几种甚至一二十种糖果,他也能一边称糖一边用心算计算,经常是顾客要买多少的话音刚落,他就同时报出了应付的钱数。

后来他又发明了“接一问二联系三”的工作方法,即在接待一个顾客时,便问第二个顾客买什么,同时和第三个顾客打好招呼,做好准备。他在“问、拿、称、包、算、收”六个环节上不断摸索,接待一个顾客的时间从三、四分钟减为一分钟。他不仅技术过硬,

而且注重仪表，坚持每周理发，每天刮胡子、换衬衣、擦皮鞋。张秉贵还注意研究顾客的不同爱好和购买动机，揣摩他们的心理，为了精通商品知识，每逢公休日别人都在家休息的时候，张秉贵却蹬起自行车，来到工厂、医院和研究单位，仔细了解糖果知识。由于熟悉顾客和商品的特点，张秉贵甚至可以针对一些特殊的顾客推荐商品：对于消化不良的顾客，他介绍柠檬糖或咖啡糖；对于肝病患者则介绍水果糖；对于嗓子不好的顾客，他便建议买薄荷糖……张秉贵通过眼神、语言、动作、表情、步伐、姿态等调动各个器官的功能，商业服务业的简单操作，被他升华为艺术境界，被喻为"燕京第九景"。有一位拄着拐杖的老人，经常来欣赏他售货，这位老人说："我是个病人，每天来看看您站柜台的精神劲儿，为人民服务的热情劲儿，我的病也仿佛好了许多。"一位音乐家看他售货后说："你的动作优美，富有节奏感，如果配上音乐，是非常动人的旋律。"

北京市百货大楼前的张秉贵同志铜像

"一个营业员服务态度不好，外地人会说你那个城市服务态度不好，港澳同胞会感到祖国不温暖，外国人会说中华人民共和国不文明。我们真是工作平凡，岗位光荣，责任重大！"张秉贵用自己心中的"一团火"，温暖着每一个顾客的心。他是中共十一大代表，第五、六届全国人大代表。1957 年，张秉贵被评为北京市劳动模范；1978 年，他被北京市授予特级售货员称号；1979 年被国务院授予全国劳动模范称号。

中华民族传统就有推崇道德楷模的好习惯，"见贤思齐"是古之明训。树立道德典型，充分发挥道德模范人物的引导、示范和感召的作用，对于良好社会风尚的形成有着积极的作用。与此同时，也有净化心灵的作用。

新中国成立以来，无数的模范人物深深感染和激励了 13 亿中国人。改革开放以来，孔繁森、蒋筑英等模范人物的先进事迹被广为传诵，家喻户晓。榜样是时代的先锋，不同时代需要不同的榜样。青年在社会中最富有朝气、最富有创造性、最富有生命力，只有树立充分体现时代发展要求的职业道德榜样，才能有效激励促使自己勇开风气之先、投身时代发展潮流中去。平凡的工作和生活是社会的常态，也同样是产生道德榜样的丰厚沃土。

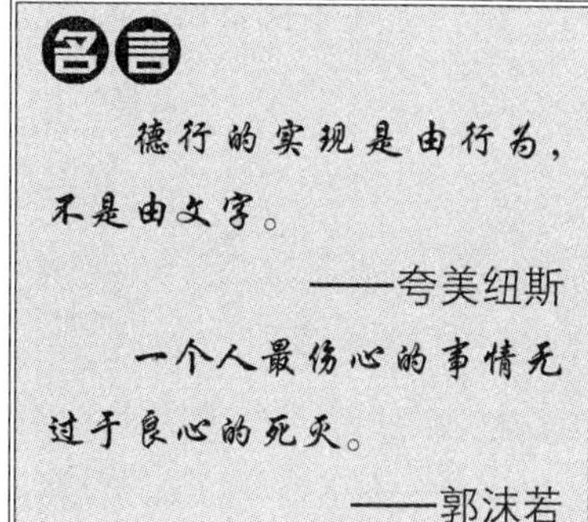


在实践中，我们向职业道德榜样学习，始终要注重坚持面向大多数，把重点放在基层，放在普通岗位上的道德职业模范身上，着力发现他们在平凡岗位上的不平凡创造，讴歌他们在普通生活中展现出来的可贵精神。

## 实践探究

一、是非判断

某公司为获得一项工程合同，向工程发包人员支付1万元好处费。公司市场部持公司董事长的批示到财务部领取该笔款项，财务部经理张某认为这项支出不符合有关规定，但考虑到公司主要领导已作出了同意的批示，便拨付了这笔款项。

结合行业道德规范的要求，对张某的行为进行分析判断。

二、分析材料，感悟内化学以致用

蒋国珍，男，81岁，中共党员，新余市罗坊中学退休教师。32年前，他把补发的9600元工资一次性捐献给国家；32年来，他资助、奖励学生达2万人，累计金额20余万元，超过他离休工资的总和！他一生无儿无女，但在他的心里，学生们却亲似儿女。2010年5月，新华社记者撰写的《离休教师蒋国珍倾尽所有助学扶困》一文在新华社《国内动态清样》发表，引起中央领导高度关注，并作出批示，要求宣传其先进事迹。1957年，由于历史原因，蒋国珍被错误划为"右派"，直到1979年才得以平反。他平反后的第一个举动，就是将国家补发给他的22年共计9600元的工资，一次性捐给当地政府用于发展教育事业。从此以后，捐资助学便成了蒋国珍生活的一部分。1983年蒋国珍因病提前离休，虽然离开了他所热爱的教师岗位，但却没有因此而停止对学生们无私的关爱。他主动与罗坊镇下山桥中学联系，对每学期期终考试成绩前50名者，分等级每人分别给予5元、10元、20元的奖励。对一些家境贫困面临辍学的学生，蒋国珍开始十几元、几十元地代交学费，让他们得以继续上学。

他个人先后荣获"全国老干部先进个人"、"新余市首届道德模范"等荣誉，2010年荣登"中国好人榜"。

结合上述案例，说说应该怎样培养良好的职业道德？

# 第三单元　弘扬法治精神　当好国家公民

学习目标：

掌握必要的法律知识，了解实体法与程序法的作用，知道违反法律的危害性；

深入理解并拥护依法治国方略，树立社会法治理念；

自觉维护宪法和法律权威，增强公民意识、权利义务观念；

崇尚程序正义，增强法律意识，学会依法做事，依法维权。

## 第六课　弘扬法治精神　建设法治国家

作为21世纪的中职生，在校要做个好学生，在社会要做个好公民，在工作岗位上要争做合格的职业人。要做到这一切，就必须提高自己的素质，其中法律素质必不可少。我们要通过对法律基础知识的学习，理解纪律、法律的重要作用和违反纪律、法律的危害性，树立“以遵纪守法为荣，以违法乱纪为耻”的观念，提高明辨是非的能力，认真贯彻依法治国方略，从而为国家的法制建设贡献力量。

### 一、以遵纪守法为荣

#### (一)不以规矩，不能成方圆

看一看，分析上述场景，想一想：如果没有纪律或规则，校园、交通的秩序将会是什么样的？

纪律是为了维护集体利益，保证工作和生活正常有序进行，要求一定社会组织成员共同遵守的行为规范。任何一个企事业单位、组织、团体都有自己的纪律，对所属成员起着重要的作用。

一个人在纪律的框架内检点并且约束自己的行为，他同时也能获得纪律所提供的自由的空间，能享受到纪律所保障给个人的极大的愉悦。这就是纪律的自觉性保证作用。

纪律能对我们的个性发展起促进作用，个性发展需要的良好环境是由优良的纪律提供的，良好的环境能够促进人的后天发展。

纪律能为我们指明正确的方向，使我们的个性得到健康的发展，人生活的最终目的是要融入社会，而纪律从来都是与社会发展相适应的，因为它不适应社会发展时，就会被破坏，旧的纪律被破坏，新的纪律由此产生。在破与立的过程中，纪律适应了社会的发展，为我们指明了方向。

名言

离娄之明，公输子之巧，不以规矩，不能成方圆。

——孟子

礼禁于将然之前，而法者禁于已然之后。

——《大戴礼记》

## (二)法律的特征

链接

法，古写体为“灋”，由三点水、廌和去三个字组合而成。古人创造如此复杂笔画的字，自然有其深刻用意：一是以水作偏旁，“平之如水”，寓意法代表公平，是公平与否的衡器。二是廌(zhi 亦作豸)，是传说中的独角神兽。因该兽秉性耿直，善于明断是非，故而“古者讼决，令触不直”，寓意法是公正正义的准则。三是去，即法具有制裁、惩罚不正、不直行为的功能。综合三层含义，“法”的词义就是判断行为的正义与否、制裁违反公平与正义行为的准则和依据。

法律是反映并调整一定社会关系，由国家制定或认可，并以国家强制力保证实施的行为规范的总称。

法律与道德、纪律、章程等其他社会规范相比较，有以下四个特征。

名言

一个判例造出另一个判例，它们迅速累聚，进而变成法律。

——朱尼厄斯

### 1. 法律是由国家制定或认可的行为规范

所谓国家制定和认可是指法律产生的两种方式。国家制定形成的是成文法，国家认可形成的是习惯法。这是法律在来源上区别于其他社会规范的一个显著特征，其他社会规范都不需要国家制定或认可。

链接

2011年10月27日，国务院新闻办公室发表《中国特色社会主义法律体系》白皮书。白皮书指出，新中国成立以来特别是改革开放30多年以来，经过全国人大及其常委会、国务院、地方人大及其常委会以及社会各方面坚持不懈的努力，截至2011年8月底，中国已制定现行宪法和有效法律共240部，行政法规706部，地方性法规8600多部，中国特色社会主义法律体系已经形成。

**2. 法律是以权利和义务为主要内容的社会规范**

法律是规定人们权利和义务的社会规范，具有明确的规定性。法律所规定的权利和义务比其他社会规范所规定的权利和义务更加丰富、更加明确、更加具体。它是由国家制定或认可并保障实施的一种关系，这是法律的一个重要特征。

**3. 法律是具有普遍效力的社会规范**

法律是任何企事业单位、组织及全体社会成员都必须遵守的社会规范，具有普遍的约束力。法律规范在国家权力管辖的范围内，人人都必须遵守，对所有人都具有普遍的约束力，即要求“法律面前人人平等”。合法权利都受到法律保护，一切违法行为都受到法律制裁。

法律是无私的，对谁都一视同仁。在每件事上，她都不徇私情。

——托马斯

**4. 法律是以国家强制力保障实施的社会规范**

法律是以国家强制力保障实施的社会规范，具有国家强制性。法律是一种国家意志，它的实施由国家来保障。如果没有军队、警察、法庭、监狱等国家暴力机关来保证法律的实施，法律就会成为一叠废纸。

(二)法律的作用

某厂车间技术员李某多次到传达室信架上窃取三名女青年职工的信件，他擅自将信件拆开，阅后又在信纸的背面或空白处画上女人裸体像、男女生殖器等，并写上一些极为低级下流的污言秽语，然后他再将信装进信封，放回信架，让女职工取走。李还多次私拆其他职工的信件，影响极坏，结果受到法律的惩处。

上述案例体现了法律的什么作用？

无论是在家庭、学校生活里，还是在职业生涯中，我国法律都发挥着广泛而重要的作用。法律的作用主要表现为对全体社会成员的规范性作用和在社会生活中的社会作用两个方面。

强制作用。法律的强制作用在于制裁违法行为。通过制裁可以加强法律的权威性，保护人们的正当权利，增强人们的安全感。

告示作用。法律代表国家关于人们应当如何行为的意见和态度。这种意见和态度以赞成和许可或反对和禁止的形式昭示天下，向整个社会传达人们可以或必须如何行为的信息，起到告示的作用。

指引作用。法律通过规定人们在法律上的权利和义务以及违反法律规定应承担的责任，来调整、指引人们的行为，这是法律的指引作用。

评价作用。法律作为一种行为标准和尺度，具有判断、衡量人们行为的作用。

预测作用。法律具有预测作用，人们可以根据法律来合理地作出安排，以便用最小的代价和风险取得最有效的结果。

教育作用。法律的教育作用对于提高公民的法律意识、权利意识、义务观念、责任感、遵守法律和纪律的自觉性,是不可或缺的。

上述都是法律的规范性作用,法律还有其社会作用。所谓法律的社会作用,是指法律具有维护阶级统治和执行社会公共事务的作用。主要表现在:保障、引导和推进社会主义市场经济,保障、引导和推进社会主义民主政治,保障、引导和推进社会主义精神文明,保障、引导和推进对外开放,维护国际和平和发展。

名言

制定法律法令,就是为了不让强者做什么事都横行霸道。

——奥维德

法律就是秩序,有好的法律才有好的秩序。

——亚里士多德

法律是国家层面的他律,纪律是组织机构层面的他律。两者在适用范围、处罚方式和效力等方面有着明显的区别。但法律与纪律都是对违规行为,对人们行为规范的一种约束,违纪与违法虽有很大差别,可违纪任由发展下去往往导致违法犯罪的发生,所以都应当引起重视。

链接

法律与纪律的区别,主要表现在以下几个方面。

| 比较 | 纪律 | 法律 |
| --- | --- | --- |
| 制定主体 | 企事业单位、社团、政党等 | 国家立法机关 |
| 适用范围 | 单位或组织所属成员 | 全部国家机关、企事业单位、组织及全体社会成员 |
| 实施主体 | 制定纪律的单位或组织 | 政府、公检法等国家机关 |
| 处罚方式 | 批评、行政责任或党内处分等 | 法律制裁 |
| 效力 | 对本单位或组织有效 | 普遍约束力 |

### (三)做遵纪守法的合格公民

生活与法

**案例一**

某焦化厂四大班工长车某在对炭化室一装煤孔盖着火进行处理时,未对火源进行分析,违反操作规程盲目用脚去踩盖斜了的炉盖,导致上升管堵塞单炉压力提高,结果从盖缝中喷出的火苗将其裤子引燃,同时将一起处理故障的漏煤工范某脸部烧伤。

**案例二**

某工地上,一台 FO/23B 塔吊倾覆折落,司机朱某、电工马某当场死亡,塔吊平衡臂和起重臂等机件报废。经立案侦查查明,王某在带领工人进行塔式起重机接高顶升

作业中，违反塔吊安装规程中关于“拆下联结爬升架及回转支承的销轴前，应检查标准节是否紧固，是否与回转支承联结拉好了”的规定，在回转支承与标准节未联结好的情况下，即决定将爬升架下落一定距离再打联结回转支承与标准节的销轴；而爬升架未下落，又强令工人违章冒险作业。法院根据《中华人民共和国刑法》第114条之规定，以重大责任事故罪判处王某有期徒刑二年。

怎样才能避免这些血淋淋的案例发生？

从中体会违反操作规程和劳动纪律的危害性。

在职业活动中，不遵守劳动纪律、相关法规，轻则影响生产效率，出现不合格产品；重则伤害生命，产生重大安全事故和重大损失。违规者都会受到相应的惩处甚至法律的严厉制裁。人们可能图一时之利或一时自由散漫而置规章制度于脑后，但危害已经造成，后悔已无济于事。世上没有后悔药，我们在行事之前一定要有法纪意识，一定要做遵纪守法的合格公民。

遵纪守法是具体的，必须落实到日常生活和学习中去，从细处着眼，防微杜渐；遵纪守法是长期的，要持之以恒，贯穿始终；遵纪守法还是自觉的，要转化为自身的实际行动。

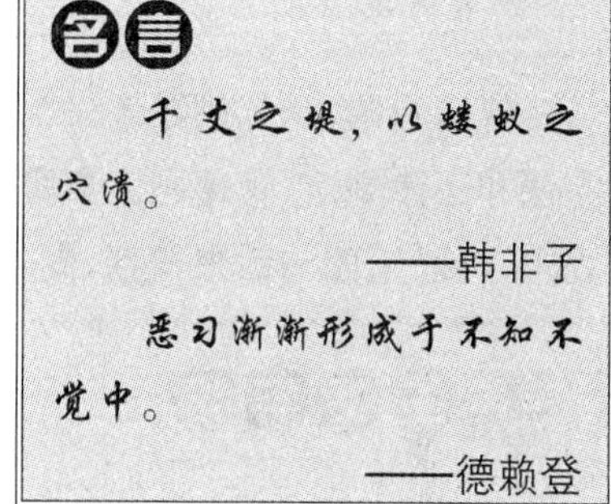


怎样做一个遵纪守法的人呢？只有先做到知法、懂法，才能避免不触犯法律。要知法，就必须从头学起，掌握最基本的法律知识。懂法，就是在知法的基础上，不做违法的事情。要遵守法律，就必须遵守从最基本的校纪校规做起，往往犯法就是从小事中一点一点发展开来的。所以无论是多小的事情，都要三思而后行。一旦触犯了法律，就不容姑息。法律是约束一个人行为的最有效的工具。法律如同一个屏障，将人们包围和保护起来，一旦有人走出了这个包围圈，将陷入无底的深渊之中。

遵纪守法，要求我们从每一件小事做起。

遵守《中小学生日常行为规范》，勤学上进；

遵守《义务教育法》，认真履行受教育的义务；

遵守《道理交通安全法》，不闯红灯，不违章骑车；

遵守《环境保护法》，积极参加节约资源保护环境公益活动；

……

作为中职学生，还应该在哪些方面做到遵纪守法？

## 二、贯彻依法治国方略　建设法治国家

### (一)依法治国的基本要求

链接

**依法治国方略的提出**

1997年9月,"进一步扩大社会主义民主,健全社会主义法制,依法治国,建设社会主义法治国家"被写入党的十五大报告。报告同时强调,依法治国,是党领导人民治理国家的基本方略,是发展社会主义市场经济的客观需要,是社会文明进步的重要标志,是国家长治久安的重要保障。

1999年3月,九届全国人大一次会议上,"依法治国,建设社会主义法治国家"这一治国方略,正式写入宪法修正案。从此,我国社会主义民主法制建设进入了一个新的发展时期。

依法治国,是党领导人民治理国家的基本方略,是广大人民群众在党的领导下,依照宪法和法律规定,管理国家事务,管理经济和文化事务,管理社会事务。依法治国的基本要求,可以用四句话来概括,即有法可依,有法必依,执法必严,违法必究。

生活与法

某地产开发商,数年不为业主提供办理房屋产权证书的文件,业主因拿不到房产证而将开发商告上法庭。人民法院经审理作出判决:判令房地产商在三个月内为业主提供"办证"资料,赔偿及支付业主诉讼费共一万余元。该房地产商拒不履行生效的判决,业主申请法院强制执行。这一执行又拖了两年有余。业主给房地产商、区长、区人大常委会主任、区法院执行局领导、市法院分管执行的副院长、市法院执行局局长等写过信,并向市法院两次呈交"执行监督申请书",但该案仍未执行。

上述案例涉及依法治国的哪些要求?

面对开发商拒不执行生效的法院判决,应该怎么办?

有法可依,指国家政治、经济、文化等社会生活的各个领域都有良好的法律可以遵循。有法可依是对制定法律方面的要求,是依法治国的前提条件。

有法必依,指一切政党、国家机关、社会团体、企事业单位和公民都必须依法办事。有法必依是对实施法律方面的要求,是依法治国的中心环节。如果有法不依,依法治国就成了一句空话。

执法必严,指执法机关的执法人员必须严肃、严格地依照法律规定办事,坚决维护法律的权威和尊严。执法必严是对执法者的要求,是依法治国的关键和重点。

据中纪委、监察部通报2009年全国纪检监察机关查办案件情况，处分县处级以上干部3743人，移送司法机关的县处级以上干部764人。陈少勇、朱志刚、皮黔生、黄松有、陈绍基、郑少东等大案要案被严肃查处、移送司法机关。在这些落马和判刑的17名省部级高官中，既有国务院部委官员、地方行政首长，也有人大、政协、公安、法院系统高官，金融、国企高管，甚至还有纪检系统自身的蛀虫，譬如中共浙江省委原常委、原纪检委书记——王华元。国家统计局等民意调查显示，近年群众对反腐败工作成效的满意度平稳上升，国际社会对我国反腐败也给予了积极评价。

违法必究，指严格追究违法犯罪行为人的法律责任，不得放纵任何人的违法行为。中华人民共和国宪法第五条第四款明确规定：一切违反宪法和法律的行为，必须予以追究。违法必究是法律威严的重要体现，是依法治国的重要保证。

**法治和德治紧密相连**

发展中国特色社会主义，不仅需要法治，而且需要德治。

2001年1月，江泽民明确提出把依法治国与以德治国紧密结合起来的治国方略。“以德治国”就是要以马列主义、毛泽东思想、邓小平理论、“三个代表”重要思想和科学发展观为指导，以为人民服务为核心，以集体主义为原则，以爱祖国、爱人民、爱劳动、爱科学、爱社会主义为基本要求，以职业道德、社会道德、家庭道德建设为落脚点，积极建立适应社会主义市场经济发展的社会主义思想道德体系，并使之成为全体人民普遍认同并自觉遵守的规范。

法治与德治相互联系、相辅相成、相互促进。要始终把法制建设与道德建设紧密结合起来，把依法治国与以德治国紧密结合起来。

### (二)树立社会主义法治理念

党的十七大报告强调，建设社会主义法治国家，发展社会主义政治文明；树立社会主义法治理念，实现国家各项工作法治化，保障公民合法权益。法治是包含立法、执法、司法、守法和法律监督等方面的诸多要素在内的系统工程。建设社会主义法治国家，不仅需要形成完备的法律体系，而且需要在全社会树立社会主义法治理念、弘扬法治精神。社会主义法治理念的基本内涵包括依法治国、执法为民、公平正义、服务大局、党的领导五个方面。

1999年，村民赵振晌和邻居赵作海打架后失踪。一年多后，村民发现一具无头尸体，以为死者就是赵振晌，并报了警。警方将赵作海作为重大嫌疑人带走。该案因证据不足数次被检察院退回。九次认罪，数次喊冤，最终他选择了沉默。在其作了9次有罪供述后，赵作海被审判机关以故意杀人罪判处死刑，缓期两年执行。2010年4月30日，“死者”赵振晌突然回到村里。

针对此事，省高级人民法院认定赵作海故意杀人案系一起错案，并给予赵作海国家赔偿金及生活困难补助费等共计65万元。此前，省法院作出再审判决：撤销省法院原复核裁定，宣告赵作海无罪。

本案中对赵作海的错判失误在什么地方？

赵某被迫承认莫须有的杀人罪行，服刑11年，给我们什么启示？

《中华人民共和国宪法》第四十一条规定：“由于国家机关和国家工作人员侵犯了公民权利而受到损失的人，有依照法律规定取得赔偿的权利。”

《中华人民共和国国家赔偿法》第二条规定：“国家机关工作人员违法行使职权侵犯公民、法人和其他组织的合法权益造成损害的，受害人有依照本法取得国家赔偿的权利。”

依法治国，是社会主义法治的核心内容；执法为民是社会主义法治的本质要求；公平正义是社会主义法治的价值追求；服务大局是社会主义法治的重要使命；党的领导是社会主义法治的根本保证。

适应依法治国的要求，我们就要树立社会主义民主政治、自由平等、公平正义的理念。

民主政治，就是社会主义民主得到充分发扬，依法治国方略得到切实落实，各方面积极因素得到广泛调动。

自由平等，就是全体公民摆脱一切压迫、剥削和歧视，享有平等的政治地位和社会地位，获得有尊严的生存和全面发展。

我们追求的自由，是法律所允许的自由，不能随心所欲。人与人是平等的，我们享有的权利，他人同样享有，因而要按法律所确认的平等规则来办事。

促进社会公平正义，需要依靠合理的制度来保障。建设社会主义法治国家，正是以法律上的平等为基础，不断追求实质意义上的平等，不断追求公平正义。

名言

民主并不是什么好东西，但它是我们迄今能找到的最好的一种制度。

——丘吉尔

公平正义比太阳更光辉。

——温家宝

### (三)自觉维护社会主义法制尊严

**看一看 读一读**

人人要学法，法律用处大。社会各行业，处处需要它。做人要守法，约束你我他。办事懂规则，生活秩序化。用法护自己，理直胆气大。法前人平等，靠法走天下。胸中有良法，歪斜全不怕。正气大发扬，利民利国家。

读《普法歌》，说说我们应该怎样维护社会主义法制尊严？

宪法第五条规定，国家维护社会主义法制的统一和尊严。任何组织或者个人都不得有超越宪法和法律的特权。包括中职学生在内的每个公民都有义务和责任维护社会主义法制的权威。

首先，要认真学习法律知识，不断增强法律意识。法律意识是每个公民理解、尊重、执行和维护社会主义法律规范的重要保证，公民的遵纪守法行为不会自然产生，而是在一定法制观念、法律意识指导下实现的。具备了社会主义法律意识，就会做到不仅不犯法，而且能积极维护法律的尊严。

其次，要积极进行普法宣传，使人们了解、熟悉和认同我国社会主义法律，从而推动全社会形成在全“社会”后“形成”尊重和维护社会主义法制权威、敢于和善于同犯罪行为作斗争的良好风尚。

实践探究

一、收集关于遵纪守法、自控自律的名人名言、格言警句，在全班作交流。

二、以案学法

上海某酒店员工王某辞去了酒店的工作，应聘到另一家公司，恰巧这家公司的办公地点就在她原来就职的酒店内。当她欲前往公司上班而踏进酒店时，却遭到该酒店门卫的拒绝。该酒店在其员工手册的第 9 条中规定："辞职、退职员工，6 个月内不得以任何理由进入本酒店。"而她新应聘的公司要求她在规定的期限内上班，如不上班，应聘将失效。王某被逼无奈遂起诉至法院。

该酒店的行为是否合法？如果你遇到这种情况该怎么办？

# 第七课　维护宪法权威　当好国家公民

依法治国，首先是依宪治国。企事业单位、社会团体都有自己的章程，一个国家的总章程就是宪法。宪法规定的公民的基本权利和基本义务有哪些？我们如何理解宪法的权威？又如何以实际行动维护宪法的尊严？通过本课的学习，我们将深刻理解宪法的原则，增强我们的公民意识和国家主人翁责任感。

## 一、宪法是国家的根本大法

### (一)宪法的特点

我们实行依法治国，核心和根本保证就是要依宪治国。

生活与法

在北京民族饭店工作的小明等 16 人，在民族饭店登记为合法选民，但是民族饭店并未发给他们选民证，也没有通知他们参加选举，他们因此没能参加投票。为此，小明等 16 人向当地的法院起诉，要求民族饭店承担法律责任，并赔偿经济损失。

小明等 16 人起诉于法有据吗？

宪法是治国安邦的总章程，是国家的根本大法，它规定国家最根本、最重要的制度和原则，包括国家的性质和根本任务，国家制度、社会制度和其他基本制度，公民的基本权利和基本义务，国家机关的组织及职权，国旗、国徽、国歌、首都等问题。这些问题集中体现了我国广大人民的根本意志和根本利益，当然应该由根本大法——宪法来规定和确认。

宪，就是一张写着人民权利的纸。

——列宁

一个团体要有一个章程，一个国家也要有一个章程，宪法就是一个总章程，是根本大法。

——毛泽东

2003年3月17日晚，孙志刚因未携带身份证被民警带回派出所，对其是否是“三无人员”进行甄别，后被作为拟收容人员送往公安分局待遣所。3月20日，孙志刚因连续被殴打致重伤医治无效死亡。此案发生后，三位法学博士根据立法法第九十条的规定，向全国人大常委会递交了一封建议书，认为《城市流浪乞讨人员收容遣送办法》与我国宪法和相关法律相抵触，建议全国人大常委会进行审查。6月20日，国务院公布了《城市生活无着的流浪乞讨人员救助管理办法》，同时废止了《城市流浪乞讨人员收容遣送办法》。

什么是母法和子法？从中体会宪法的效力。

在法治国家里，宪法是国家的最高权威，具有最高的法律效力。它是制定其他一切法律、法规的基础，是国家的母法，任何法律、行政法规、地方性法规、部门规章等规范性文件都不能与宪法相抵触。一切国家机关和武装力量、各种组织、团体、企事业单位、个人都必须遵守以宪法为根本的活动准则。

宪法是国家的根本大法

在制定和修改的程序上，宪法比其他法律更为严格。

宪法的制定，需由国家成立专门委员会起草。修改宪法，要经过全国人民代表大会常务委员会或者五分之一以上的全国人民代表大会代表提议，并由全国人民代表大会以全体代表的三分之二以上的多数通过才能生效。其他法律和议案的制定、修改只需一般程序，有半数以上代表通过即可。

宪法的制定和修改程序为什么比普通法律更为严格？

## (二)宪法的主要原则

国家领导人这样回答一位记者的提问：“政府及其所有的机构都是属于人民的，遵守宪法及法律是政府工作的基本原则，政府的任务就是保护人民的自由、财产和安全。……只有把人民放在心上，人民才能让你坐在台上。”

从这个事例中，你能体会到宪法的哪些原则？

### 1. 人民主权原则

我国宪法第二条规定，中华人民共和国的一切权力属于人民。中国共产党领导全国各族人民经过长期的艰苦斗争，推翻了帝国主义、封建主义和官僚资本主义的统治，建立了中华人民共和国。从此，人民掌握了国家的权力，成为国家的主人。宪法确立的人民主权原则是全国各族人民共同奋斗的结果。

**2. 保障人权原则**

人一出生就口含一枚金币，一面写着平等，一面写着自由，这枚金币叫人权。

——卢梭

宪法第三十三条规定，国家尊重和保障人权。宪法明确宣示国家对于人权有尊重和保障的义务，体现了我国社会主义制度的本质要求。我国宪法和法律将人权细化成众多具体的权利和自由，如选举权、财产权、受教育权、言论自由、信仰自由、人身自由等。

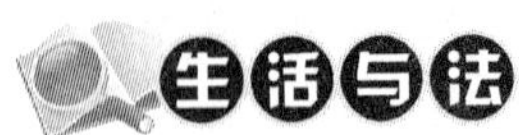


黄某伙同王某等人，将搞非法传销活动的邹某挟持并控制起来，给邹某之妻打电话索要赎金6万元。公安人员接到报案后赶到现场救出邹某，次日，黄某因涉嫌绑架被逮捕。法院判决：被告人黄某犯非法拘禁罪，判处有期徒刑二年。

我国宪法第三十七条规定："中华人民共和国公民的人身自由不受侵犯。任何公民，非经人民检察院批准或者决定或者人民法院决定，并由公安机关执行，不受逮捕。禁止非法拘禁和以其他方法非法剥夺或者限制公民的人身自由，禁止非法搜查公民的身体。"

**3. 民主集中制原则**

对于我国社会主义国家机构来说，民主集中制主要表现为全国人民代表大会和地方各级人民代表大会都由民主选举产生，对人民负责，受人民监督；国家行政、审判、检察机关都由人民代表大会选举产生，对它负责，受它监督；中央和地方国家机构职权的划分，遵循在中央统一领导和国家法制统一的前提下，充分发挥地方积极性和主动性的原则。在新的历史条件下坚持和完善民主集中制是党和国家生活的内在要求，坚持民主集中制，必须把坚持党的领导同发扬人民民主、严格依法办事、尊重客观规律有机统一起来。

## 二、维护宪法权威，增强公民意识

### （一）维护宪法权威，保障宪法的实施

生活与法

中央电视台"实话实说"栏目曾经制作过一期名为《麻将声声》的节目。在一些居民的呼吁下，某居委会恢复了文化活动站夜间打麻将的活动，但活动站的后窗正好与余某家的客厅和卧室相对。从早到晚，麻将声声严重扰乱了余某的正常休息。她被麻将的嘈杂声折磨，得了神经衰弱症，孩子的学习也受到严重影响。她要求活动室在夜间停止打麻将，喜欢打麻将的居民却不同意。

如何解决居民打麻将的权利和余某正常休息的权利的冲突呢？从中体会增强公民意识的必要性。

我国宪法是人民意志的体现，是人民当家作主和实现幸福美好生活的最高保障。实行依法治国的基本方略，就要全面贯彻实施宪法，切实维护宪法的权威。我们不能把宪法的规定仅仅停留在纸面上或口头上，而应该将宪法的规定和精神化为生活中实实在在的现实。

维护宪法权威，保障宪法的实施，就是要根据宪法规定的原则和精神、经济社会发展和人民生活的实际需要，依照程序制定并完善各方面的法律、行政法规、地方性法规，使社会生活各方面都有法可依。

维护宪法权威，保障宪法的实施，要求政府依法行政，要求司法机关依法独立行职权。司法权威是法制权威的重要体现。要维护宪法权威，保障宪法的实施，就要以公正树权威，充分发挥司法的维护公平、伸张正义职能，就要坚持司法为民、公正司法。

建立宪法实施监督制度，是维护宪法权威和尊严的一项重要制度，是现代民主政治的重要组成部分。它是保证宪法正确实施而对违反宪法的行为进行监督的制度。

**生活与法**

苗某、昌某在同一所学校同一个班级学习，由于受社会不良风气影响，学会了吸烟和赌钱，经常旷课。一天，两人又想赌钱，但手头又没有钱，于是两个人一商量，趁天黑没有人注意，把马路上的下水井盖搬走，拿去卖废铁。苗、昌二人一连干了三个晚上，砸破了六个下水井盖子，后来被人发现抓获。

**链接**

我国宪法第十二条规定："禁止任何组织和个人用任何手段侵占或者破坏国家和集体的财产。"

维护宪法权威，保障宪法的实施，对于我们中职学生来说，就是要学习宪法，提高宪法意识，在生活中使用宪法，以宪法作为我们行为的根本准则；要正确行使权利，认真履行义务。凡是宪法提倡和肯定的，要积极拥护并努力去做；凡是宪法所要求的，要自觉履行；凡是宪法禁止或否定的，不但自己不能做，还要勇敢地同违反宪法的行为作斗争，以实际行动为宪法的实施贡献自己的力量。

**生活与法**

安某、元某二人同在一个学校，好搞恶作剧，不思学习，每天放学就在车站、市场乱转。春节前夕，安、元二人又想起了一个搞恶作剧的"妙法"。于是两个人给火车站派出所发去一封匿名的举报信。信中说：最近有人备了几公斤炸药，准备炸火车站。火车站派出所接到报案，立即报告区公安分局，区公安分局又报告了市公安局，市公安局下令从即日起，加强火车站、长途汽车站的监视检查，并在全市进行戒备，并派出刑警队进行立案侦查。十天时间的侦查，最后发现是安某、元某二人在搞鬼。

请你谈谈对安、元二位同学的行为的认识。

## (二)正确行使公民权利　依法履行公民义务

某企业的职工因企业未能按时发放工资,多次找企业领导协商,均被企业领导以企业困难重重为借口予以搪塞。多次协商未果之后,在未经任何部门批准的情况下,他们联合起来并召集了部分亲戚朋友,在企业所在区举行游行示威活动,结果造成交通堵塞。

根据上述案例,结合宪法规定,体会树立权利和义务意识的必要性。

保障宪法的实施是每个公民的职责。公民履行维护宪法权威、保障宪法实施的职责,就是要增强公民意识,做到正确行使权利,认真履行义务,努力成为合格的国家公民。公民意识是指每个公民对自己在国家中地位的自我认识,是公民对于自己应享受的权利和应履行的义务的自觉意识。

在政治上的力量即权利。

——蒙森

值得提倡的不是能够做什么就做什么,而是应当做什么就做什么。

——塞内加

公民权利是法律赋予并保障的公民所享有的某种权益。法律规定我国公民享有的权利是多种多样的,其中宪法确认的公民基本权利,是公民首要的、根本的、具有决定性的权利,是普通法律确认的其他公民权利的基础。

汉族青年谢某与一回族青年马某相恋,不久两人到婚姻登记机关领取了结婚证。正当他们准备举行婚礼的时候,马某和马某的父兄向谢某提出一个要求,要谢某必须信仰伊斯兰教。谢某不答应,马某的弟弟就要纠集一些族内的人"好好教育"一下谢某,一时搞得剑拔弩张,难以收场。

马某及马某父母的要求合法吗?

我国宪法规定,公民的基本权利有以下几个方面。

选举权和被选举权;

言论、通信、出版、集会、结社、游行、示威的自由;

宗教信仰的自由;

人格尊严、人身自由和住宅不受侵犯的权利;

劳动权,休息权,劳动者在年老、生病或丧失劳动能力时有获得物质帮助的权利;

受教育权,进行科学研究、文艺创作和其他文化活动的自由;

妇女在政治、经济、文化、社会和家庭生活各方面享有同男子平等的权利,婚姻、家庭、母亲和儿童受国家保护;

保护华侨的正当权益和归侨、侨眷的合法权益；

对于任何违法失职的国家机关及其工作人员，有提出批评、建议、申诉、控告或检举的权利。

公民的义务是法律规定的公民必须履行的一种责任，也是公民对国家对社会应尽的责任。我国宪法在规定公民享有广泛权利的同时，也规定了公民必须履行的义务：维护国家统一和全国各民族团结，维护祖国的安全、荣誉和利益，不得有危害祖国的安全、荣誉和利益的行为；遵守宪法和法律，保守国家秘密，爱护公共财产，遵守劳动纪律，遵守公共秩序，尊重社会公德；保卫祖国，依照法律服兵役和积极参加民兵组织；依照法律纳税。此外还包括，公民有劳动和受教育的义务，夫妻双方有实行计划生育的义务。

男青年唐某与女青年于某婚后连续生了2个女孩。唐某是独生子，为了不断“香火”，他便想让妻子再生一个男孩。当于某再次怀孕后，村妇女主任找到唐某，要他协助动员妻子去流产。唐某却说：“计划生育是女人的事，你别找我们‘老爷们’。”而在背后他却坚决阻止妻子流产，以达到超生的目的。

唐某的做法错在哪里？

作为新时代的公民，必须树立正确的公民意识、法律意识、权利和义务意识。

没有无义务的权利，也没有无权利的义务。

——马克思

第一，坚持权利和义务相统一的原则。

不管是公民的权利还是公民的义务，都是法律规定的必须遵守的社会行为规范，权利和义务是对等的，没有无权利的义务，也没有无义务的权利，公民在享受权利的同时，必须履行自己应尽的义务。

方成、方莹系兄妹。在方成14岁、方莹11岁的时候，他们的母亲不幸去世。父亲为了再娶，视他俩为包袱，经常打骂，不给饭吃，不让回家。兄妹俩不堪父亲的虐待，经常不回家，父亲不但不把孩子找回来，索性把家门锁上，永远不让孩子回来。兄妹俩有家不能归，无奈便离家出走，靠乞讨和捡破烂为生。现在方成兄妹长大成人，他们靠劳动致富，不仅盖上了新房，而且还买来了高档家电和家具，日子过得很富裕。方成父亲见子女日子过得挺红火，就要求方成兄妹俩每月付给赡养费，并说，如果不给，他就到法院告他们虐待老人。

从上述案例中，体会公民的权利和义务的关系。

第二，坚持个人利益和国家利益相结合的原则。

我国宪法第五十一条规定："公民在行使自由和权利的时候，不得损害国家的、社会的、集体的利益和其他公民的合法的自由和权利。"在我国社会主义制度下，国家、集体利益和公民的个人利益在根本上是一致的。公民应依照法律正确享受自己的权利和各项自由，依法履行法定的各项义务。当个人利益与国家利益发生矛盾的时候，要把维护国家利益放在第一位，自觉做到个人利益服从国家和集体利益。

第三，坚持在法律面前一律平等的原则。

我国宪法第五条第四款、第五款规定："一切国家机关和武装力量、各政党和各社会团体、各企业事业组织都必须遵守宪法和法律。一切违反宪法和法律的行为，必须予以追究。任何组织或者个人都不得有超越宪法和法律的特权。"

我国宪法第三十三条第二款、第四款规定："中华人民共和国公民在法律面前一律平等。任何公民享有宪法和法律规定的权利，同时必须履行宪法和法律规定的义务。"

## 实践探究

一、收集资料，写一份宣传宪法知识的书面材料在班内展示，然后把交流的材料整理出来，出一期以"学习宪法维护宪法"为主题的黑板报专刊。

二、以案学法

24 岁的玉溪北城镇男子李乔明死在了看守所，死因是"重度颅脑损伤"。县公安机关对此事件的解释是，李乔明受伤是由于其与同监室的狱友在看守所天井里玩"躲猫猫"游戏时，遭到狱友踢打并不小心撞到墙壁所致。此结论遭网民一片质疑，后经调查系被牢头狱霸殴打致死。

运用所学宪法知识，对上述案例进行点评。

# 第八课　增强法律意识　依法维护权益

在人类通往正义的道路上，法律扮演着不可或缺的角色。法律诉讼，是实现正义的重要手段。本课将告诉我们：法律实现公平正义的两种方式是什么，法律诉讼应遵循什么程序，证据在诉讼过程中有何作用。通过本课的学习，我们将增强法律意识、证据意识，树立程序正义的理念，学会依法维护自己的合法权益。

## 一、严格司法程序，维护司法公正

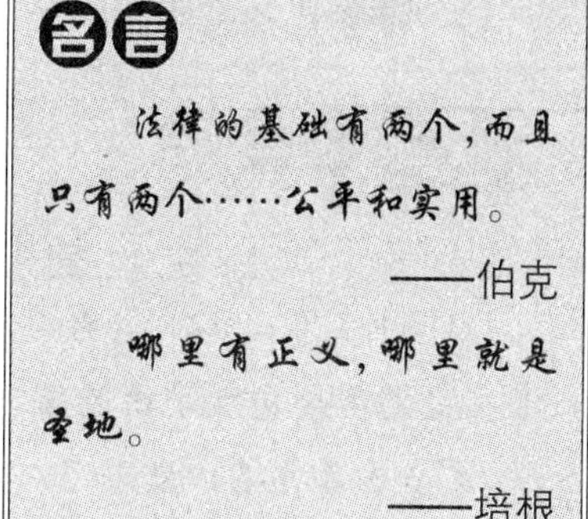

名言

法律的基础有两个，而且只有两个……公平和实用。

——伯克

哪里有正义，哪里就是圣地。

——培根

### (一)维护司法公正的方式

在司法活动的过程中坚持和体现公平正义原则，维护司法公正，是社会主义法治的必然要求，是全体人民群众对司法的殷切期望。没有司法公正，人民群众的权益就无法保障，和谐就无从谈起，实现公平正义也就成了一句空话。

法律实现公平正义主要有两种方式：实体正义和程序正义。

实体正义，要求司法结果认定事实清楚，证据确凿，适用法律准确，这是一种结果的正义。程序正义，要求司法程序具有独立性、平等性，这是过程的正义。

实体正义和程序正义相互依存，如同鸟之双翼，缺一不可。要想实现真正的正义，仅仅按照实体法的规定作出正确、公正的判决是不够的，还必须确保整个判决过程正确、公平、合法。

链接

实体法——是指规定具体权利义务内容或者法律保护的具体情况的法律，如：宪法、民法、刑法、婚姻法、环境保护法、消费者权益保护法、劳动合同法等。实体法的主要功能在于规定和确认权利和职权以及义务和责任。我国的实体法律制度，主要包括民商法律制度、行政法律制度、经济法律制度、刑事法律制度等。

程序的不正义往往会导致实体的不正义，动摇人们对法律的信心，甚至导致整个司法秩序受到损害，司法权威受到蔑视，从根本上阻碍依法治国的实现。严格司法程序，是实现司法公正的现实之路，也是必由之路。

## (二)程序正义的重要意义

### 美国“世纪审判”:辛普森涉嫌杀妻案

1994年6月12日,美国橄榄球明星辛普森的前妻及其男友被利刃割喉致死,警方在案发现场发现了两被害人及辛普森的血迹,也发现了辛普森的头发和一只血手套,在辛普森住宅中发现了一只与案发现场属于同一副的血手套和一双血袜子,在其汽车上也发现了被害人和被告人的血迹。警方遂将辛普森作为重大犯罪嫌疑人予以起诉。面对“血证如山”的控方指控,辛普森重金聘请的“梦幻律师队”,利用控方证据的漏洞,将检察官和警方证人驳得目瞪口呆,说服了陪审团的全体成员,使陪审团成员们相信,“辛普森并不一定是罪犯,案犯极有可能另有其人或辛普森被栽赃陷害”,最终裁定辛普森无罪开释。此案结束后,美国有关机构调查显示,80%的人认为辛普森就是“杀人犯”,但同时70%以上的人认为这场审判是公正的。

你能接受这个结果吗? 谈谈你对此案的看法。

程序正义能够确保司法制度的公正,是法治国家的标志,是人民向法治转变的助推器。在现代社会,程序法得到严格的遵守,是衡量一个国家司法公正、诉讼民主、人权保障程度的重要标志。

程序法,相对实体法而言,是指规定行使具体实体法所要遵循的程序的法律,又称“诉讼法”、“审判法”,如民事诉讼法、刑事诉讼法、仲裁法、立法程序法等。程序法是正确实施实体法的保障,审判活动则是实体法和程序法的综合运用。程序法的主要功能在于及时、恰当地为实现权利和行使职权提供必要的规则、方式和秩序。

程序正义可以最大限度地保障实体正义的实现。实体正义是结果的正义,任何结果的得出都离不开一定的过程。正确的过程有助于得出正确的结果,错误的过程则会导致错误的结果。程序正义是为了保证司法机关准确查明案情,全面搜集证据,正确适用法律,最终实现实体正义。

一次不公平的裁判比多次的违法行为更严重。因为这些违法行为不过弄脏了水流,而不公的裁判则把水源败坏了。

——培根

程序正义可以有效地防止权力滥用和司法腐败。权力需要制约,没有制约的权力会成为滋生腐败的温

床。程序正义的适用能够克服人的主观随意性，防止专断。可见，通过程序正义可以有效防止司法腐败，实现司法公正。

程序正义可以有力地保障人权。法律程序的每个步骤、每个环节的设计都体现了对诉讼当事人的尊重，特别是可能受到案件结果不利影响的人，法律程序保证他们与其他诉讼主体拥有平等的诉讼地位。

程序正义可以促使实体结果为人们所接受，消除人们的不满情绪，从而有利于社会的和谐。通过公正的程序，当事人被赋予了充分的权利和机会保护自己。无论胜诉还是败诉，当事人都更易于接受，因为他已经行使了一切可能的救济手段，接受了法官公正无私的审判。通过公正的程序，司法机关的权威也得以树立，社会公众会对裁判过程更加信任，对裁判结果更加尊重。

司法实践表明，在很多情况下，公民不服从法院判决或对司法权威产生怀疑时，是因为他们觉得没有为他们提供公平的司法程序，或者没有充分保障他们的程序权利。树立程序正义理念，有助于保障公民充分行使程序权利，促使公民尊重既定判决，从而促进法治秩序的形成。

### （三）实现程序正义的要求

**程序正义催生排除非法证据第一案**

某建设管理局前局长助理章某，涉嫌国家工作人员受贿罪被起诉。一审法院经过程序与实体审查后，认为：第一，程序方面，侦查机关的前期侦查行为存在瑕疵；因控方未按最高人民法院、最高人民检察院、公安部、国家安全部和司法部联合发布的《关于办理刑事案件排除非法证据若干问题的规定》提交全程审讯录音予以当庭质证，在被告人、辩护人多次申请侦查人员出庭接受询问后，亦不安排侦查人员出庭，据此，对被告人审判前的有罪供述不能作为定案的根据。第二，起诉书指控的收受贿赂，因仅有行贿人的证词，且该证词前后矛盾，又没有其他证据予以印证，故不予以认定。第三，被告人具有自首情节、犯罪的性质和对社会的危害很轻。最终判决被告人章某犯受贿罪，免予刑事处罚。

程序正义的要求是什么？谈谈你对章某受贿案的体会。

**1. 实现程序正义，要求裁判者保持中立**

如果裁判者偏袒一方，胜者会愈加相信关系和金钱的魅力，败者则认为裁判中存在“暗箱操作”，进而从根本上动摇对法律的信念。世界各国诉讼法的回避制度，正是对裁判者中立性的法律保障。

我国三大诉讼法都有关于回避制度的规定。例如，我国《刑事诉讼法》第二十八条规定，审判人员、检察人员、侦查人员有下列情形之一的，应当自行回避，当事人及其法定代理人也有权要求他们回避：

（一）是本案的当事人或者是当事人的近亲属的；

（二）本人或者他的近亲属和本案有利害关系的；

（三）担任过本案的证人、鉴定人、辩护人、诉讼代理人的；

（四）与本案当事人有其他关系，可能影响公正处理案件的。

**2. 实现程序正义，要求当事人地位对等并充分参与**

在裁判过程中，当事人拥有平等的诉讼地位、诉讼权利和诉讼义务。程序正义的核心就是约束裁判者的权力，保障当事人的权利，使每个当事人都能够参与影响自己利益的裁判过程，提出自己的主张和证据，为自己辩护，对裁判起着积极的影响。

**3. 实现程序正义，要求司法公开，完善监督和制约机制**

实行司法公开，防止司法腐败，体现公开、公平、公正的原则，确保司法公正，维护当事人合法权益，贯彻依法治国方略的方针，是社会主义民主与法制建设对司法工作的客观要求。司法机关在执法过程中应把办事依据、办事程序、执法纪律和投诉方式向社会公开，使司法机关的执法权利受到监督和制约，严格依法办事，增强执法透明度，防止执法者犯法、徇私枉法，切实维护法律权威。公开是消除司法腐败的有力武器，更是树立法律权威的有力保障。

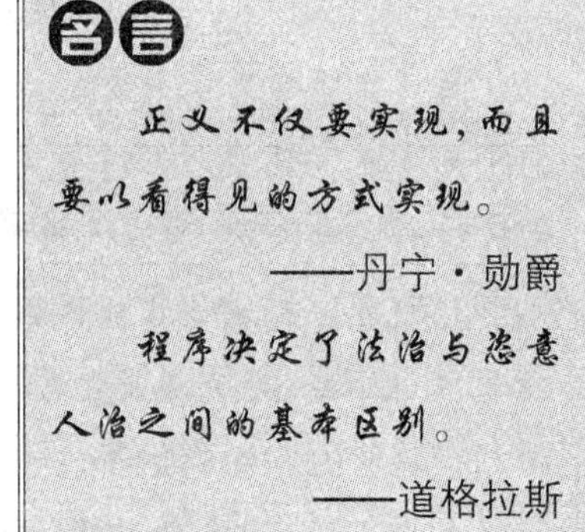

## 二、崇尚程序正义　依法维护权益

### 一元钱的官司

2010 年 6 月 3 日，盲人蒋银栋乘坐公交车，售票员以他没有“盲人乘车证”为由拒绝免票。蒋先生把八方达客运有限责任公司告上法庭，要求退还一元票款并道歉。法院审理后当庭宣判，被告返还蒋先生 1 元票款并当庭道歉。

一元钱官司的法律意义是什么？

要想解决生活中的争议，实现我们的权利，有时需要通过诉讼活动。诉讼俗称“打官司”，是由专门的国家机关在诉讼当事人的参与下，依照法定程序解决具体争议的活动。它是公民法律意识增强的重要体现，是解决各种冲突和纠纷的最后途径。

根据诉讼要解决的案件性质、诉讼内容、程序等因素的不同，诉讼可以分为民事诉讼、刑事诉讼和行政诉讼。规定诉讼程序的法律规范是诉讼法，我国的诉讼法包括民事诉讼法、刑事诉讼法和行政诉讼法。

### （一）民事诉讼案件的管辖、起诉和受理

民事诉讼是指当事人因民事权益发生矛盾或者经济冲突时，一方当事人向人民法院提起诉讼，人民法院在当事人和其他诉讼参与人的参加下解决矛盾和冲突的全部活动。

根据我国民事诉讼法的规定，我国人民法院主管的民事案件有下列五类。

（一）基于民法、婚姻法调整的财产关系和人身关系方面产生的案件。如财产所有权纠纷、债权纠纷、婚姻纠纷、名誉权纠纷、继承纠纷、赡养纠纷等。

（二）经济法所调整的经济关系方面所发生的纠纷。

（三）劳动法所调整的劳务关系方面所发生的纠纷。

（四）其他法律法规所规定的部分纠纷，如环境污染所引起的民事纠纷、选民资格案件、公示催告案件、申请支付令案件等。

（五）最高人民法院所确定的部分专利权案件、海事海商案件等。

根据民事诉讼法的规定，我国管辖主要分为：级别管辖、地域管辖、专属管辖、移送管辖和指定管辖等五类。

**1. 级别管辖**

级别管辖是指按法院的级别划分上下级法院之间第一审民事案件的分工和权限。

最高人民法院管辖在全国范围内有重大影响的民事案件和认为应当由其审理的民事案件。

高级人民法院管辖本辖区有重大影响的民事案件。

中级人民法院管辖重大涉外民事案件和本辖区有重大影响的民事案件，以及最高人民法院确定由其管辖的第一审民事案件。如海事、海商案件，专利纠纷案件，涉及台、港、澳同胞及其企业组织的案件等。

基层法院管辖除以上法院管辖之外的所有第一审民事案件。（法律另有规定的除外。）

**2. 地域管辖**

一般地域管辖是指以当事人所在地与法院辖区的关系来确定的管辖。

在我国，公民总要在一定的行政区划内生活，要么该行政区是其住所地，要么该行政区是其居所地。对于法人或其他组织而言，住所地是指该法人或其他组织的主要营业地或主要办事机构所在地。

法律规定在一般情况下实行"原告就被告原则"，即原告应向被告住所地法院提起民事诉讼，如果住所地与居所地不一致时，原告应向被告的居所地法院起诉。法律规定，在特殊情形下实行"被告就原告原则"，即原告起诉只需在自己的住所地或居所地法院提起诉讼。例如，对不在中华人民共和国领域内居住的人提起的有关身份关系的诉讼；对下落不明或者宣告失踪的人提起的有关身份关系的诉讼；对被劳动教养的人提起的诉讼；对被监禁的人提起的诉讼。

《中华人民共和国民事诉讼法》第二十四条至第三十三条的规定基本上是特殊地域管辖的内容。具体内容有如下几个方面。

因合同纠纷提起的诉讼，由被告住所地或合同履行地法院管辖；

因保险合同纠纷提起的诉讼，由被告住所地或者保险标的物所在地法院管辖；

因票据纠纷提起的诉讼，由票据支付地或者被告住所地法院管辖；

因铁路、公路、水上、航空运输和联合运输合同纠纷提起的诉讼由运输始发地、目的地或被告住所地法院管辖；

因侵权行为引起的诉讼，由侵权行为地或被告住所地法院管辖，侵权行为地包括侵权行为发生地和侵权行为结果地；

因铁路、公路、水上和航空事故请求损害赔偿提起的诉讼，由事故发生地或车辆、船舶最先到达地、航空器最先降落地或被告住所地法院管辖；

因船舶碰撞或者其他海损事故请求损害赔偿提起的诉讼，由碰撞发生地、碰撞船舶最先到达地、加害船舶被扣留地或者被告住所地法院管辖；

因海难救助费用提起的诉讼，由救助地或被救助船舶最先到达地法院管辖；

因共同海损提起的诉讼，由船舶最先到达地、共同海损理算地或航程终止地法院管辖。

**3. 专属管辖**

专属管辖是指法律规定的某些特定案件只能由特定人民法院受理的管辖。

专属管辖的显著特点是排他性，即法律规定的某些案件不得适用地域管辖的原则，当事人也不得自行协议管辖，外国法院更无权管辖。这些特定案件是：因不动产纠纷提起的诉讼，由不动产所在地法院管辖；因港口作业中发生的纠纷提起的诉讼，如货物的装卸、驳运、理货等环节造成的污染港口、损坏港口设施所形成的纠纷，由港口所在地法院管辖；因继承遗产纠纷所提起的诉讼，由被继承人死亡时住所地或主要遗产所在地法院管辖。

我国民事诉讼法第二十五条规定："合同的双方当事人可以在书面合同中协议选择被告住所地、合同履行地、合同签订地、原告住所地、标的物所在地人民法院管辖，但不得违反本法对级别管辖和专属管辖的规定。"从规定中可以看出，一方面，当事人有一定的选择权；另一方面，选择权的行使必须遵从一定的条件。

**4. 移送管辖**

人民法院发现受理的案件不属于本院管辖的，应当移送有管辖权的人民法院，受移送的人民法院应当受理。受移送的人民法院认为受移送的案件依照规定不属于本院管辖的，应当报请上级人民法院指定管辖，不得再自行移送。

**5. 指定管辖**

有管辖权的人民法院由于特殊原因，不能行使管辖权的，应由上级人民法院指定管辖。人民法院之间因管辖权发生争议，由争议双方协商解决；协商解决不了的，报请它们的共同上级人民法院指定管辖。

起诉是一种民事诉讼法律行为，俗称"告状"，它可能引起诉讼程序的发生和诉讼活动的进行。因此，起诉必须符合法定的条件。

根据民事诉讼法规定，起诉必须符合以下条件。

（一）原告是与本案有直接利害关系的公民；

（二）有明确的被告；

（三）有具体的诉讼请求和事实、理由；

（四）属于人民法院受理民事诉讼的范围和受诉人民法院管辖。

以上四个条件缺一不可，不符合其中任何一个条件，起诉均不能成立。

民事诉讼法规定的起诉方式有书面起诉和口头起诉两种。起诉应向人民法院递交起诉状，并按照被告人数提交副本。书写起诉状确有困难的，可以口头起诉，由人民法院记入笔录，并告知对方当事人。

人民法院收到起诉状或者口头起诉，经审查，认为符合起诉条件的，应当在七日内立案，并通知当事人；认为不符合起诉条件的，应当在七日内裁定不予受理；原告对裁定不服的，可以提起上诉。根据我国民事诉讼法规定，民事审判程序包括第一审程序、第二审程序和审判监督程序。

**民事起诉状**

原告

被告

诉讼请求

事实与理由

证据和证据来源

此致

＊＊人民法院

附：本诉状副本　份

起诉人

年　月　日

以下是我国民事诉讼的一审程序。

准备开庭——法庭调查——法庭辩论——休庭评议——宣判

你参加过法庭旁听吗？知道这一流程中每个环节的具体内容吗？

一审结束后，当事人不服一审判决或裁定的，有权提起上诉，启动二审程序。二审程序是法院审理上诉案件的程序，与一审程序相似。

我国实行两审终审制度，因此二审裁判就是终审裁判，当事人不能再上诉。但是，如果当事人认为二审裁判确有错误，可以向上一级人民法院申请再审；如果人民法院、人民检察院及其他人员发现已经生效的裁判在认定事实或适用法律上确有错误，也可以主动启动再审程序及审判监督程序。审判监督程序是纠正生效裁判错误的特殊补救程序，但不是审理案件的必经程序。

**(二)刑事诉讼**

刑事诉讼是指审判机关、检察机关和侦查机关在当事人以及诉讼参与人的参加下，依照法定程序解决被追诉者刑事责任问题的诉讼活动。根据我国刑事诉讼法规定，刑事诉讼程序主要包括五个阶段：立案、侦查、起诉、审判和执行。

法院审理刑事案件，分为公诉和自诉两种。公诉案件，由人民检察院代表国家向人民法院提起诉讼；自诉案件，由被害人自己或其法定代理人向人民法院提起诉讼。

自诉案件，包括告诉才处理的案件和不需要侦查的轻微刑事案件。所谓告诉才处理，是指某些刑事案件，必须先由被害人或其法定代理人提出控告，否则法院则不予受理。“不告不理”是人民法院处理案件的一条基本原则。

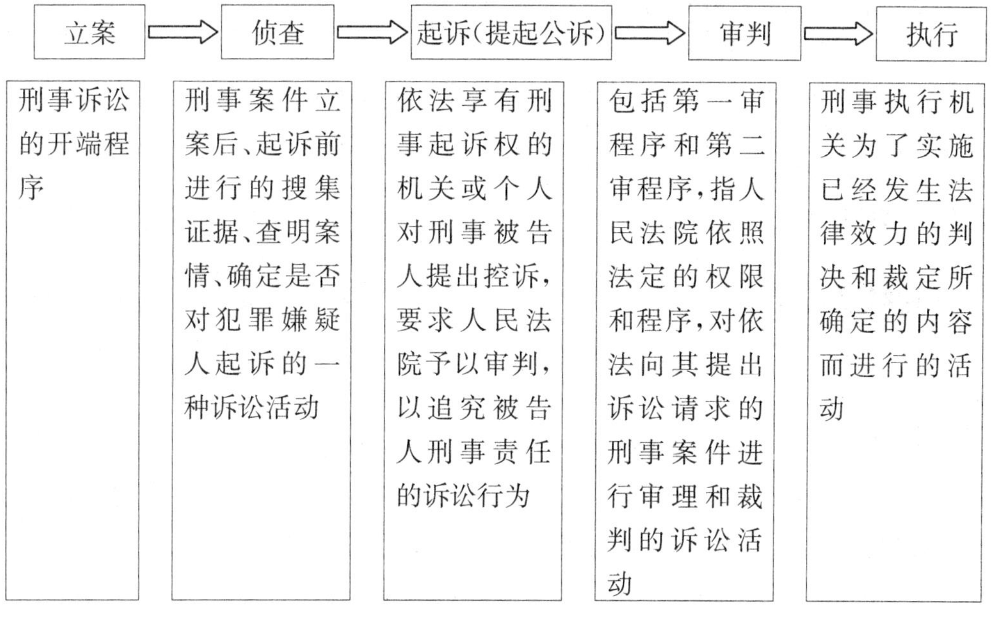


**查一查　想一想**

某人故意伤害，致被害人重伤。被害人的配偶向县公安局报案，公安局认为受害人和加害人都比较明确，案件事实也比较清楚，不需要侦查，遂作出不立案决定，让被害人的配偶找县法院。被害人的配偶到县法院去起诉时，县法院认为：本案被害人伤害情况严重，不属于轻微刑事案件，不能直接受理；并且，刑法规定，故意伤害致人重伤的，法定最高刑是死刑，应当由中级人民法院作为一审法院，县法院是基层法院，对本案没有管辖权。县法院告诉被害人的配偶：你要么去找县公安局立案侦查，要么找中级人民法院。

查阅我国刑事诉讼法的规定，想想：公安机关、法院的做法正确吗？

**链接**

第八十六条　人民法院、人民检察院或者公安机关对于报案、控告、举报和自首的材料，应当按照管辖范围，迅速进行审查，认为有犯罪事实需要追究刑事责任的时候，应当立案；认为没有犯罪事实，或者犯罪事实显著轻微，不需要追究刑事责任的时候，不予立案，并且将不立案的原因通知控告人。控告人如果不服，可以申请复议。

第一百七十条　自诉案件包括下列案件：

（一）告诉才处理的案件；

（二）被害人有证据证明的轻微刑事案件；

（三）被害人有证据证明对被告人侵犯自己人身、财产权利的行为应当依法追究刑事责任，而公安机关或者人民检察院不予追究被告人刑事责任的案件。

——《中华人民共和国刑事诉讼法》

### （三）行政诉讼

**生活与法**

王某4岁的女儿丽丽连续3天出现流鼻涕、咳嗽、发烧等症状，2008年7月8日上午8时30分送县人民医院治疗。家长见女儿病重要求立即住院，医院因无床位不准住院。40分钟后，医生才给丽丽看病，作了一般检查后，医生说，孩子病得不轻，但还诊断不出什么病，先在观察室观察治疗。医生开了药方，家长取药给丽丽服用后留在观察室治疗。上午11时，丽丽突然发生抽搐，面色苍白，不讲话，值班医生立即抢救。下午3时许，丽丽经抢救无效死亡。医院诊断死于急性心肌炎。

王某认为医院开始误诊，又抢救不力，属医疗事故，将问题反映到县卫生局。在县卫生局的督促下，县医疗事故技术鉴定委员会对丽丽之死进行鉴定，结论是丽丽之死不属于医疗事故，医院也拒绝承担任何责任。

2008年10月6日，王某向县法院提起行政诉讼，认为鉴定结论隐瞒了事实真相，是错误的，请求县法院撤销县医疗事故技术鉴定委员会所作的结论。

请问：王某不服鉴定结论该怎么办？能否提起行政诉讼？

简单地说，行政诉讼就是民告官，是在公民、法人或者其他组织认为行政机关和行政机关工作人员的具体行政行为侵犯其合法权益时，依照行政诉讼法向人民法院提起诉讼，由人民法院进行审理并作出裁决的活动。行政诉讼只限于“具体行政行为”，而对抽象行政行为和内部行政行为不服，不能提起行政诉讼。

具体行政行为——是指行政机关为了行使管理权，对特定的、具体的公民、法人或者其他组织所采取的公务行为。如公安机关的拘留，市政机关的罚款等。

抽象行政行为——是指国家行政机关针对不特定管理对象实施的制定法规、规章和有普遍约束力的决定、命令等行政规则的行为，其行为形式体现为行政法律文件。

内部行政行为——是指行政主体在内部行政组织管理过程中所作的只对行政组织内部产生法律效力的行政行为。

◆行政诉讼的基本原则

行政诉讼的基本原则，是指由宪法和法律规定的，反映行政诉讼的基本特点，体现并反映着行政诉讼的客观规律和法律的精神实质的基本规则。行政诉讼特有的不同于民事诉讼、刑事诉讼的特殊原则有以下五点。

**1. 对具体行政行为合法性审查原则**

我国行政诉讼法第五条规定："人民法院审理行政案件，对具体行政行为是否合法进行审查。"合法性审查原则是中国行政诉讼中的一项基本原则，它是指人民法院受理行政案件，对被诉的具体行政行为是否合法进行审理并作出裁判的诉讼行为。合法性审查的实质是对人民法院行使司法审查权的限制，即人民法院在行政审判中享有不完全的司法审查权。

**2. 具体行政行为不因诉讼而停止执行原则**

这一原则的基本内涵是，具体行政行为作出以后，当事人即使提起了行政诉讼，仍要按照具体行政行为所规定的内容履行自己的义务，否则，行政机关或者行政机关通过人民法院有权对当事人采取强制措施，迫使当事人履行义务。

考虑到在某些特殊情况下，具体行政行为应当停止执行，否则将可能造成难以弥补的损失。我国行政诉讼法第四十四条规定，在以下 3 种情况下，具体行政行为要停止执行。

第一，被告认为需要停止执行的；

第二，原告在提起行政诉讼的同时，申请法院停止执行具体行政行为，法院认为该具体行政行为的执行将会造成难以弥补的损失，并且停止执行不损害社会公共利益的，裁定停止执行；

第三，法律、法规规定停止执行的。

**3. 不适用调解原则**

人民法院审理行政案件，既不能把调解作为行政诉讼过程中的一个必经阶段，也不能把调解作为结案的一种方式。

**4. 司法变更权有限原则**

人民法院有对被诉具体行政行为经过审理后，认为该具体行政行为违法而改变该具体行政行为的权力。我国行政诉讼法第五十四条第四款规定："人民法院认为行政处罚显失公正的，可以判决变更。"

**5. 被告行政机关负举证责任原则**

行政诉讼中举证责任是由被诉的行政机关承担的，被告应举出作出具体行政行为时所依据的事实和规范性文件，以证明其具体行政行为的合法性。

**◆行政诉讼的程序**

行政诉讼的主要程序包括起诉与受理、一审、二审、审判监督和执行程序。

起诉与受理——起诉是指公民、法人或者其他组织认为具体行政行为侵犯其合法权益，依法请求人民法院行使国家审判权给予救济的诉讼行为。受理是指人民法院对公民、法人或其他组织的起诉进行审查，对符合法定条件的起诉决定立案审查，从而引起诉讼程序开始的职权行为。

第一审程序——是指人民法院依照法定管辖权限对案件进行初次审理的程序。一般的庭审程序和民事诉讼程序的几个阶段相同。

第二审程序——又称上诉审程序，是指上一级人民法院依照法律规定，根据当事人对第一审人民法院作出的裁判或判决不服，而在法定期限内(判决书送达 15 日内或裁定书送达 10 日内)向一审法院的上一级人民法院提起的上诉，对一审人民法院作出的尚未生效的判决或裁定重新进行审理，并作出裁判的程序。

审判监督程序——是指人民法院发现已经发生法律效力的判决、裁定违反法律、法规规定，依法对案件再次进行审理的程序，也称再审程序。特定情况下，行政赔偿调解书也可以成为提起审判监督程序的对象。

执行程序——是指对于已经生效的法院判决，在一方当事人逾期拒不履行时，法院依法采取强制措施，是生效裁判得以实现所依据的程序。

**◆行政诉讼的提出与审理期限**

公民、法人或者其他组织直接向人民法院提起诉讼的，应当在知道作出具体行政行为之日起三个月内提出。法律另有规定的除外。

公民、法人或者其他组织向行政机关申请复议，不服复议机关作出的复议决定的，可以在收到复议决定书之日起十五日内向人民法院提起诉讼。复议机关逾期不作决定的，申请人可以在复议期满之日起十五日内向人民法院提起诉讼。法律另有规定的除外。

人民法院审理第一审行政案件，应当自立案之日起三个月内作出判决。其中，鉴定、处理管辖权异议和中止诉讼的时间不计算在内。有特殊情况需要延长的，由高级人民法院批准。高级人民法院审理第一审行政案件需要延长的，由最高人民法院批准。基层人民法院申请延长审理期限，应当直接报请高级人民法院批准，同时报高级人民法院备案。人民法院审理上诉案件，应当在收到上诉状之日起 2 个月内作出终审判决。

## (四)证据——诉讼之王

2007年3月,梁某听刘女士说张某有数百件古玩可以出售,价格低廉,梁某很感兴趣,便在张某处取走三件样品进行研究。一个月后,梁某购买了80件,支付了货款8万美金。2008年4月,该批文物经文物鉴定机构检测为新工艺品,并非梁某所谓的“古玩”。梁某遂将张某和刘某起诉至法院,要求返还货款。

法院经审理认为,购买行为系梁某真实意思表示,且梁某未向法院提供证据证明张某曾承诺出卖的工艺品系古玩,现梁某认为张某存在欺诈,要求张某和刘某给付货款的诉讼请求没有事实及法律依据,据此,法院一审驳回了梁某的诉讼请求。

梁某败诉的原因何在?该案给我们的启示是什么?

现实生活中,很多人在打官司时都遇到过“有理说不清”而败诉的尴尬,其根源就在于没有掌握过硬的证据。一份合同、一张票据、一段录音……这些平时常常被忽视的东西,在打官司时突然成为最重要的东西。难怪人们常说,打官司就是打证据。

证据,就是诉讼过程中用来证明案件事实的一切凭证或根据。我国刑事诉讼法、民事诉讼法和行政诉讼法都明确规定了证据的种类,包括物证、书证、证人证言、视听资料、当事人陈述、鉴定结论、勘验笔录和勘验检查笔录。

生活与法

某建筑公司的一台吊车在施工作业时,不慎将附近一所民宅的山墙撞塌,致使该民宅内部分家具及电器受损,此外,该民宅内一位老人陈母受到惊吓,在匆匆逃离现场时摔了一跤,致使大腿骨折。事故发生后,因双方当事人对赔偿金额存在较大分歧,该民宅业主陈某遂起诉至人民法院,要求被告某建筑公司赔偿其经济损失。陈某起诉时,同时向法院递交如下证据材料:(A)当地电视台记者现场采访的录音、录像带;(B)陈某拍摄的现场物品受损的照片;(C)事故发生前3个月,陈某为装修房屋所签订的合同书及支付工程款的付款凭证;(D)已损坏的松下牌微波炉实物和东芝牌手提电脑实物;(E)陈母腿部骨折诊断书及医疗费用清单(复印件);(F)居民委员会提供的证人证言;(G)部分围观群众提供的证言;(H)赔偿费用一览表及计算方法;(I)原告请当地的一名公安人员和2名保安人员对现场制作并签章的“勘验笔录”。

被告在提交答辩状的同时也提交了相关证据材料,其中包括:(J)被告现场拍摄的若干幅照片;(K)松下牌微波炉和东芝牌手提电脑位置图及上述两物周围无山墙倒塌坠落物的照片(用以证明两物损坏非山墙倒塌所致);(L)被告在事故发生当日修复山墙的实景照片等。

上述案例中提到的证据分别有哪些种类?

物证——指能够以自己的存在或外部形态、质量、规格、特征等证明案件真实情况的物品和痕迹。如商品、尸体或作案凶器、赃款赃物等。

书证——指用文字、符号、图形所表达的思想内容来证明案件真实情况的文件或其他物品。如借条、合同、单据等。

证人证言——指证人就其所感知的案件情况向法院所作的陈述。

视听资料——又称声像资料或直感资料，是指采用录音、录像、电子计算机及其他现代技术手段，将可以重现案件的原始声音、形象的录音录像资料和储存于计算机的有关资料及其他设备提供的信息，用来作为证明案件的真实情况的证据。如录音资料、录像资料、电子计算机储存资料、运用专门技术设备得到的信息资料等。

当事人陈述——指诉讼中的原告、被告和第三人就他们对案件事实的感知和认识所发表的陈词及叙述。依靠当事人陈述，可以反映案件事实的全部或部分面貌。

鉴定结论——在诉讼中鉴定人运用专门知识或技能，对某些专门性问题进行检验、分析后所作出的科学判断。

勘验笔录——就是人民法院指派的勘验人员对案件的诉讼标的物和有关证据，经过现场勘验、调查所作的记录，是民事诉讼证据的一种。

勘验检查笔录——勘验检查笔录是司法机关公务人员对案件有关的场所、物品、资料、尸体等进行勘验、检查所制作的书面记录。它包括在勘验和检查过程中发现的、与案件有关的一切的事实情况的文字记录，还包括绘制现场图样、拍摄现场照片等附件，是刑事诉讼证据的一种。

当事人向法院起诉，要求法院保护自己的合法权益时，有责任对自己的说法负责，依法承担提供证据的责任，来证明自己的诉讼主张。如果提供不出证据，当事人就要承担败诉的风险。这种责任就是举证责任。

在民事诉讼中，一般实行“谁主张，谁举证”的举证责任原则。在行政诉讼中，则应当由作为被告的行政机关提供作出该具体行政行为的证据和所依据的规范性文件，这就是举证责任倒置。在刑事诉讼中，承担举证责任的一般是公安机关、检察机关和审判机关。

在诉讼中，我们强调“以法律为依据，以事实为准绳”，而证据是确认事实的支柱。一旦进入诉讼阶段，证据就成为我们保护自己合法权益最有力的武器。

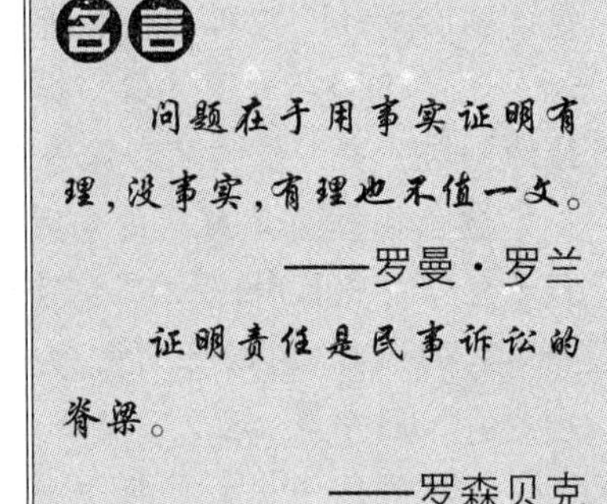
名言

问题在于用事实证明有理，没事实，有理也不值一文。

——罗曼·罗兰

证明责任是民事诉讼的脊梁。

——罗森贝克

一、学以致用

2005年4月23日晚七时，到湖南凤凰旅游的游客胡女士与丈夫李先生登上了从张家界开往南宁的2011次火车，坐在13号卧铺车厢12号卧铺位。4月24日凌晨1时许，胡去卫生间方便后返回卧铺车厢，正走到卧铺车厢的8、9号铺位时，脚下过道一块松动的列车地板突然上翘，胡顺着翘起的地板跌出火车，掉在铁道上。火车无情地从她身上碾过，胡瞬间失去了双腿和左臂。一小时后，另一辆经过的火车发现了凭着顽强毅力翻到铁轨外的胡女士，她才得救。2006年9月28日，坐在轮椅上的胡女士提出向铁路局索赔医疗费、伤残赔偿金、生活费、残疾辅助器具费、精神损害抚慰金等共计570余万元人民币，在当地主流媒体向原告公开书面道歉的诉讼请求。

根据上述材料，请你以受害人胡女士的名义向人民法院写一份民事起诉状。

二、以案学法

某冬日凌晨，两辆摩托车并排行驶在某市郊公路上，突然右边摩托(以下简称A摩托)左拐，撞上了左边摩托(以下简称B摩托)，致B摩托方向失控最终撞上了相向而来的一辆货车，B摩托车驾驶员摔倒在货车跟前。随后，A摩托从路边一小区后院逃逸，B摩托驾驶员显得相当无助。后在现场围观者的劝说下，货车车主出于同情将B摩托的驾驶员送医院救治，并垫付当时所用医药费。之后货车车主离开了现场。

几日后，货车被当地交警以交通肇事逃逸之因暂扣，交警在交通事故认定书中认定该货车车主因交通肇事逃逸而承担事故全部责任，该车主大为不解，提起了交通事故复核申请，正当此时，B摩托车主(原告)也提起了民事诉讼，起诉状中的事实和理由说是货车车主直接碰上他的，根本就没有提及所谓的A摩托的存在及发生碰撞的任何情况，也即是说其摔倒受伤全是货车所致，要求货车司机负全部赔偿责任。

对于B摩托车主而言，他无端遭受车祸，急于得到赔偿的心情可以理解，但是他这样的做法有违道德。对于货车车主而言，事情发展到这一步，实在是出乎意料，但是他怎样才能证明自己的清白呢。经过分析后明白：关键就是能证明A摩托的存在。于是，当事人即被告自己带了礼物和录音设备去拜访原告，原告及家人在家里的客厅接待了他，并聊了许多关于A摩托车的事。可以说，只要这份证据有效，货车车主就在事实认定上占了绝对优势。

运用相关诉讼法中关于证据的规定，谈谈你对上述案例的看法。

# 第四单元　自觉依法律己　避免违法犯罪

学习目标：

认清违法犯罪的本质和后果，深刻体会“勿以恶小而为之”的道理；

自觉守法，以守法为荣，以违法为耻；

自觉依法律己，并提高与违法犯罪作斗争的自觉和智谋。

## 第九课　预防一般违法行为

什么是违法行为？违法有哪些危害？如何远离不良行为？通过本课的学习，我们将明白违法行为的社会危害性，了解治安管理处罚法和预防未成年人犯罪法的一些基本规定，了解违法要承担法律责任等法律常识，进一步增强“以遵纪守法为荣、以违法乱纪为耻”的观念，严格律己、自我防范，杜绝不良行为和违法行为的发生。

### 一、违法行为的特征和处罚

**欺负弱小本不该　敲诈勒索终被处**

16 岁的小朱与 15 岁的小李是初三的同班同学，平时就好自称大，恃强凌弱。二人家庭经济较困难，很羡慕有钱的同学穿名牌。一天，一个低年级学生把一块石头踢到了小朱的身上，小朱很生气想教训这个小同学。小李一看他穿了一双新的耐克鞋，就说把这双鞋换过来穿穿算了。小同学不肯，两个人上去一下把他按在地上，小朱往他屁股上踢了一脚，小同学只好把鞋给了小朱。小同学的家长报了案，小朱与小李被叫到了公安局。经查，小朱和小李还数次向其他小同学强索人民币，有时 2 元，有时 4 元、5 元，最多一次强索 17 元，后因被害人要求返还 7 元，总共强索金额 31 元，学生家长反映十分强烈。公安机关根据相关法规作了处理。

小朱和小李的行为是违法的吗？

#### （一）违法行为的特征

违法行为，是指违反国家现行法律规定，危害法律所保护的社会关系的行为，亦称“非法行为”。违法行为的特征有四点。

第一，违法是一种对社会有危害的行为；

第二，违法是违反行政、民事、经济、行政等方面法律法规的行为；

第三，违法主体必须是具有法定责任能力的公民、法人或其他社会组织；

第四，违法主体主观上有违法的故意或过失。

根据违反的法律法规的不同和违法所产生的社会危害程度的不同，违法行为可分为违宪行为和刑事违法行为、民事违法行为、行政违法行为。

违宪行为指国家机关制定的某种法规及国家机关、社会组织或公民的某种活动、行为与宪法的规定相抵触。一切违反宪法和法律的行为，都必须予以追究。

刑事违法行为，是一种严重违法行为，也就是犯罪。

民事违法行为，是指违反民事法律规定，损害他人民事权利的行为，如借钱不还、拾金而昧等。

民事违法行为分为违反合同行为和侵权行为两大类，前者指合同当事人没有合法事由不履行或不完全履行合同义务的行为，后者指合同以外的、非法侵犯他人民事权利的行为。民事违法行为在表现形式上可分为作为和不作为，作为是指实施法律所禁止的行为，不作为是指不实施法律所要求做的行为。

行政违法行为，就是违反行政法律规范的行为，如偷税漏税、扰乱社会治安等。

民事违法行为和行政违法行为的违法情节比较轻微，对社会危害性不大，没有触犯刑法，属于一般违法行为。

无论是哪种违法行为，都有一个共同的后果，那就是具有社会危害性，所以必须承担法律责任。我们应该警惕身边的违法行为，违法行为无小事。

不要过分地醉心于放任自由。一点也不加以限制的自由，它的害处与危险实在不少。

——克罗雷卡

人人皆受制于法律。

——比克斯塔夫

### (二)违反治安管理的行为要受法律处罚

某晚23时15分许，轨道交通二号线开往中山公园站方向的下行线列车已停运。一男子醉酒后在地铁二号线世纪公园站站台上大声叫嚣，要求坐车返回静安寺站。车站工作人员耐心地向他解释，他反而强行跳入下行线隧道，躺在道床上。工作人员将其拉上站台。23时21分，开往张江高科站的地铁列车进站，此人强行拉开车门，闯入车厢，打骂乘客和工作人员，导致列车先后在世纪公园站、张江高科站延误总计达10分钟之久。轨道警方对他依法作出治安处罚决定。

请问：警方对其处罚的依据是什么？

扰乱公共秩序、偷拍隐私、敲诈他人财物……这些生活中并不鲜见的行为，都是违反治安管理处罚法的违法行为。违反治安管理的行为是指扰乱公共秩序，妨害公共安全，侵犯人身权利、财产权利，妨害社会管理，具有社会危害性，但尚不够刑事处罚的行为。

我国治安管理处罚法于2005年8月28日由第十届全国人大常委会第十七次会议通过，自2006年3月1日起正式施行。全法共计6章119条，涵盖了社会治安出现的各种新情况、新问题。治安管理处罚法在维护社会治安秩序，保护公民合法权益等方面发挥了巨大作用。

违反治安管理的行为五花八门，分散在社会生活的各个角落。根据我国治安管理处罚法的规定，将它们分为四类。

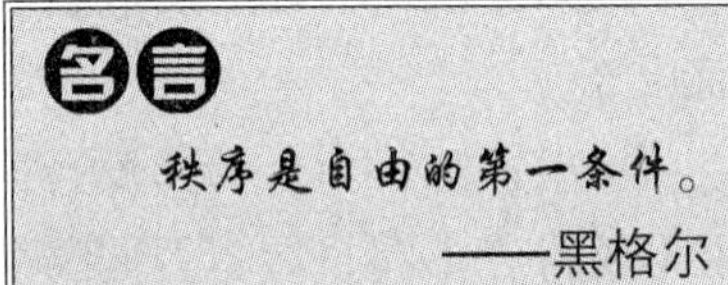


一是扰乱公共秩序的行为。如扰乱机关、团体、企事业单位的秩序，致使正常工作不能进行；扰乱车站、码头等公共场所的秩序；扰乱公共汽车等公共交通工具上的秩序等。

二是妨害公共安全的行为。如非法携带、存放枪支弹药；违法生产、销售、储存危险物品；非法制造、贩卖、携带管制刀具；违反渡船渡口安全规定，拒不改正等。

三是侵犯人身权利、财产权利的行为。如殴打他人，非法限制他人人身自由、侮辱、诽谤他人，虐待家庭成员等。

四是妨害社会管理的行为。如窝赃、买赃、吸食、注射毒品、倒卖票证、迷信活动扰乱社会秩序、冒充国家机关工作人员招摇拐骗，尚不够刑事处罚的。

**案例一**

2008年“5.12”汶川地震发生后，于某通过电话、短信、网络贴吧等形式散布谣言，声称某地某时要发生强震，使得社会民众无端产生恐慌，影响了社会安定和秩序。公安机关依照治安管理处罚法，对于某处以10日拘留，并处500元罚款。

**案例二**

孙某，多年在外行乞，收入颇丰。2010年春节回家时，向亲友吹嘘自己的生财之道。部分亲友托孙某带自己的孩子外出乞讨，并学习乞讨技能。春节过后，孙某从村里带十名儿童到上海，每天让孩子以失学儿童名义上街乞讨。乞讨所得的30%给孩子做学费，其他部分由孙某保管。

**案例三**

钱某到新疆旅游，发现新疆刀很好看，就购买了20把准备送给朋友。由于听说火车上不准带刀，他就在一旅行箱内制作了夹层，将刀藏匿在夹层内。在上火车前被发现，经鉴定：有十把刀的刀刃长达15 cm。

请问：孙某、钱某的行为分别违反了治安管理处罚法的什么规定？危害性何在？

扰乱公共秩序的行为，破坏了社会稳定，导致正常的社会活动无法进行；妨害公共安

全，侵犯人身权利、财产权利和危害社会管理秩序的行为，会危害国家利益，给人民生命、财产造成损失。这些行为的危害性不可低估，必须依法予以惩处。

根据违反治安管理行为的性质及其社会危害性程度，治安管理处罚法相应规定了不同的处罚方式：警告、罚款、行政拘留和吊销许可证等。

警告，是对轻微的违法行为人提出的口头告诫。这是最轻的一种处罚，主要适用于初犯、认错态度较好的违法者以及情节轻微的违法行为人。

罚款，是强令违法行为人依法向国家缴纳一定数额金钱的处罚方法。

行政拘留，是对违法行为人予以短期剥夺自由的处罚方法，主要适用于违反治安管理情节严重的人。

吊销许可证，是对情节严重的违法者吊销公安机关发放的许可证照的处罚方法。

对违反治安管理的外国人，可以附加适用限期出境或者驱逐出境的处罚。

**生活与法**

小李在广州一家工厂打工。有一天他看着值班室墙上的值班规定，出于好奇，半夜里拨打了110，并谎报说有三个盗匪进入工厂财务室。110巡警开着警车、鸣着笛很快赶到了工厂，一番检查搜索没发现任何可疑情况，经调查小李承认是自己好奇所为。结果小李受到了罚款的处罚。

**链接**

根据我国治安管理处罚法第二十五条规定，对散布谣言，谎报险情、疫情、警情或者以其他方法故意扰乱公共秩序的，应处5日以上10日以下拘留，可以并处500元以下罚款；情节较轻的，处5日以下拘留或者500元以下罚款。

根据违法行为的性质、情节和社会危害程度，我国治安管理处罚法将罚款分为200元、500元、1000元、3000～5000元，行政拘留又分为5～10天、10～15天，合并执行最长不超过20天。

古人云："善不积，不足以成名；恶不积，不足以灭身。"在现实生活中，尤其是我们中职生，时常有人毫不顾忌地违反治安管理处罚法。因为违法而受到处罚时，很多人还以没有犯大错误而自我宽慰，殊不知，小错也会酿成大恶。让我们谨记：勿以恶小而为之。中职生平素要加强思想道德修养，增强法律意识，防微杜渐，防患于未然。我们应当牢牢树立"以遵纪守法为荣，以违法乱纪为耻"的法纪观念！

## 二、杜绝不良行为

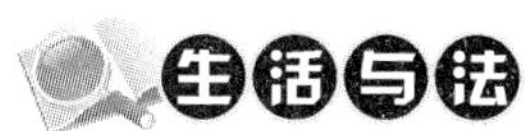


**案例一**

某市职业中学接连发生学生抢劫、敲诈、盗窃案件，11名学生走上了受审台，他们有的是家境贫寒却贪图享受、摆阔气，钱不够花，就拉帮结伙，当“老大”，去偷去抢；有的是怕受欺负，找靠山、求保护，主动靠近恶势力，跟着学抽烟、喝酒、一起混，跟着去抢劫盗窃；有的原本学习不错，老老实实，后来成为团伙抢劫、敲诈的对象，遭打劫恐吓后反而和恶势力混在一起，从受害者变成害人者，走上了违法犯罪的道路。

**案例二**

小明由于父母离婚，跟随父亲生活。父亲旷工在家，常逼着他拿空酒瓶去赊酒。小明赊不到酒怕挨打，只好流落街头。肚子饿了，他就依靠偷摸度日，因为有轻微违法犯罪行为，被送进了工读学校。经老师教育，小明有些进步。毕业后走向社会，在择业过程中，他眼高手低，最终成了无业游民，在“哥儿们”的怂恿下，他又重操旧业，变本加厉，成了大偷、惯偷，进而演变成黑社会小头目，后被公安机关拘捕。

他们是怎样走上为违法犯罪道路的？从中我们可以得到什么启示？

知道在适当的时候约束自己的人就是聪明人。

——雨果

人生的道路虽然很漫长，但要紧处只有几步。青少年时期，正是身心发育、良好行为习惯养成、人格形成的关键时期。在这一时期，青少年一定要慎之又慎，要有意识地培养自己良好的行为习惯，远离不良行为。

### (一)常见不良行为

不良行为指容易引发未成年人犯罪，严重违背社会公德，尚不够刑事处罚的行为。轻微不良行为既不构成违法，更不构成犯罪，它的危险性比违反治安管理的行为更容易被忽视，令人不知不觉地走上违法之路。

我国预防未成年人犯罪法于1996年6月28日由第九届全国人大常委会第十次会议通过，于1999年11月1日起正式施行。它对预防未成年人不良行为和矫治未成年人严重不良行为作出了具体的规定。自实施以来，预防未成年人犯罪法在保护未成年人身心健康、优化未成年人成长环境方面发挥了重大作用。

根据预防未成年人犯罪法规定，不良行为包括以下几个方面。

◇旷课、夜不归宿；

◇携带管制刀具；

◇打架斗殴、辱骂他人；

◇强行向他人索要财物；

◇偷窃、故意毁坏财物；

◇参与赌博或者变相赌博；

◇观看、收听色情、淫秽的音像制品、读物等；

◇进入法律法规规定未成年人不宜进入的营业性歌舞厅、网吧等场所；

◇其他严重违背社会公德的不良行为。

### (二)严重不良行为

预防未成年人犯罪法规定了严重不良行为,即严重危害社会,但尚不够刑事处罚的违法行为。主要有以下9个方面。

◇纠集他人结伙滋事,扰乱治安;

◇携带管制刀具,屡教不改;

◇多次拦截殴打他人或者强行索要他人财物;

◇传播淫秽的读物或者音像制品等;

◇进行淫乱或者色情、卖淫活动;

◇多次偷窃;

◇参与赌博,屡教不改;

◇吸食、注射毒品;

◇其他严重危害社会的行为。

### (三)坚筑内心防线,远离不良行为

**生活与法**

**案例一**

中职学生小船偶然将一本色情口袋书拿到学校,被同学央求借阅,还书时同学送给他一件小礼物。小船见有利可图,遂经常带书到班上。后被学校发现,给予小船记过处分一次。小船不思悔改,毕业后即为附近的住校生播放黄色光碟,每人每次收费两元。一些同学看黄碟后,想入非非,不思学习。小船先后为100多名学生播放淫秽光碟20余场次,案发后被法院以传播淫秽物品牟利罪判处有期徒刑两年零六个月,并处罚金2000元。

**案例二**

18岁的阿萍辍学后,开了家服装店,小店经营得红红火火。一次去南方进货时,阿萍认识了阿珠,在阿珠的怂恿下开始吸食毒品。不到半年,阿萍把开店的积蓄花了个精光,小店也倒闭了。阿萍因吸毒瘦得只剩皮包骨,走路都要靠人背。她觉得自己让人看不起,拖累了全家。一天,趁家人不注意,从七层楼上纵身跳了下去。

“黄、赌、毒”的危害是什么?上述案例给我们的警示是什么?

因为我国传统观念上对于性相对保守,所以很多未成年人没有正规的渠道对其进行了解,但越是这样越好奇,于是黄色文化在青少年中很有市场。贩卖或者传播黄色信息、甚至卖淫嫖娼等极易导致社会风气败坏,引发各种各样的社会犯罪行为,损害公众身心健康。

赌博助长不劳而获的习气,久而久之会使人们的人生观、价值观发生扭曲。很多染上赌博恶习的人,都走上了一条共同的不归路:耗时间、丧品行、离骨肉、生事变、毁前程。

毒品作用于人体,使人体体能产生适应性改变,形成在药物作用下的新的平衡状态。一旦停掉药物,生理功能就会发生紊乱,出现一系列严重反应,使人感到非常痛苦,如出现不安、焦虑、忽冷忽热、起鸡皮疙瘩、流泪、流涕、出汗、恶心、呕吐、腹痛、腹泻等现象。这

样，吸毒者往往不得不加大吸毒量，终日离不开毒品。我国目前流行最广、危害最严重的毒品是海洛因。冰毒和摇头丸在药理作用上属中枢兴奋药，毒性在于毁坏人的神经中枢。

不良行为就像害虫，尤其是“黄、赌、毒”行为对人们的危害尤甚，它令人迷失心性，侵蚀人们健康的肌体，使人一步步踏上不归之路，最终落得家破人亡。为了我们的锦绣前程，为了不让父母揪心流泪，为了社会安定和谐，从现在起，让我们牢牢筑起内心的防线，加强自我防范，健康成长。

远离不良行为，加强自我防范，首先就要树立强烈的责任感。生而为人，被赋予很多责任。有了责任感，我们才会认真生活，锐意进取，拒绝做不负责任的事，摒弃丑恶行为。

远离不良行为，加强自我防范，要依法自律，学会拒绝各种诱惑。拒绝不良诱惑，人生就得到一次升华；拒绝过早享乐，人生就多一些希望；拒绝违心做恶事，为自己就赢得了一份尊严。不良诱惑犹如病毒，如果不加分辨地去模仿、去体验，就很容易走上违法犯罪的道路。我们一定要学会拒绝！

生活与法

中学生小霍、小年和小冰是在网吧里认识的“铁哥们”，经常一起在网络游戏中联手“打杀”。由于长时间泡在网上，他们很快便囊中羞涩，于是决定在现实社会中冒一次险。一个深夜他们来到一家废品收购站，抢劫看门的老人，遭到反抗后，竟然像玩游戏一样痛下杀手，将老人当场打死，抢走了100元钱后若无其事地返回网吧，接着玩游戏。直到被警方逮捕，他们才如梦初醒。

上述案例中的三位学生是受到了哪些不良诱惑而走上犯罪道路的？

想一想，我们应当怎样才能远离不良行为？

远离不良行为，加强自我防范，要正确对待父母和师长的教育。父母、师长看似“老生常谈”的教诲可能是做人的真理，需要我们耐心倾听。不听劝导，为所欲为，容易使人走上违法的歧途。

远离不良行为，加强自我防范，要理解勇敢的真谛。守法不意味着胆怯，犯法不意味着勇敢。有些人正是无知无畏，逞一时之勇，以身试法，最终遗憾终生。面对不良行为和违法的诱惑，坚守内心的防线才是真正的勇气。

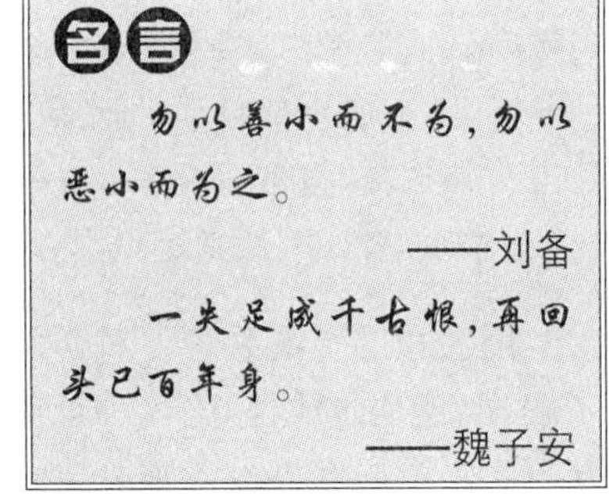

名言

勿以善小而不为，勿以恶小而为之。

——刘备

一失足成千古恨，再回头已百年身。

——魏子安

实践探究

一、举办一次以“对不良行为说‘不’”为主题的社会调查活动，办一期黑板报专刊，以便帮助我们认清身边的不良行为及其危害性，营造一个远离不良行为的氛围，从而自觉杜绝不良行为的发生。

二、以案学法

刘云是某医学院的学生，从小在父母的悉心培养下，学习了美术、音乐和舞蹈。她原本是个多才多艺的花季少女，令人羡慕的好学生。16 岁时刘云认识了一个男青年，男青年说非常喜欢她，她轻易地就相信了。那个青年是个小混混，经常带着她玩、跳迪斯科、打架，父母反对他们交往，她却假自杀逼父母让步。在男朋友的教唆下，刘云放弃学业与一群混混混在一起。他们骗钱、盗窃，而自己也遭到了多名混混的强奸，为了一段本不该发生的"恋情"沦为盗窃犯，付出了自由、前程、青春和才华。

根据所学法律知识，结合中职学生实际，谈谈如何远离不良行为，养成遵纪守法的好习惯？

## 第十课　避免误入犯罪歧途

什么是犯罪？犯罪的特征有哪些？什么是刑法？刑法的作用有哪些？如何同犯罪行为作斗争？如何防范职业活动中的犯罪行为？通过本课的学习，我们将了解犯罪的特征及导致犯罪的主观原因，懂得增强守法意识，自觉预防犯罪，见义勇为、见义智为是与犯罪行为作斗争的根本。

### 一、犯罪和刑罚

陈兴、单丰均为某校在校学生，一天陈约单去某中学殴打龚成，理由是龚向另一学生强索钱财。两人在校门口，正好碰上学生胡某拦住龚，陈上去就殴打龚，打后胡提出要钱，龚只好同意交出 70 元钱由陈、胡等人分。不到一个月，陈又约单与王某两人商量说，现在中学正缴学费可以去抢学生的钱，之后三人走到学校附近，碰上一名学生，陈上去索要钱财，被害人不服，三人一起上去推打并拉住被害人双手，从身上搜走 150 元。几天后单约来陈、胡、王等人，说张某有钱可以找他索要。他们找到张索钱时被拒绝，于是陈等对张踢打，张被迫只好交出身上的钱。他们甚至还向小学生索要，一个小学生被抢 10 元钱后大哭不走，他们只好还给这个小学生 6 元。尽管这几名学生都只有 16 岁，且过去没有犯过这类过错，但根据我国刑法的规定还是被判处刑罚。

什么是犯罪和刑罚？

在这个案例中，几名学生索要钱财并不多，为什么却被判处刑罚呢？

#### (一)犯罪的特征

根据我国刑法规定，犯罪是具有严重的社会危害性，触犯了刑律，应当受到刑罚处罚的行为。社会危害性、刑事违法性和应受刑罚处罚性是犯罪的三个基本特征。

**链接**

我国现行刑法是在1979年刑法的基础上，于1997年3月14日修订而成，并于1997年10月1日起施行，后又经九次刑法修正案修正。

刑法第十三条规定："一切危害国家主权、领土完整和安全，分裂国家、颠覆人民民主专政的政权和推翻社会主义制度，破坏社会秩序和经济秩序，侵犯国有财产或者劳动人民群众集体所有的财产，侵犯公民私人所有的财产，侵犯公民的人身权利、民主权利和其他权利，以及危害社会的行为，依照刑法应当受到刑罚处罚的，都是犯罪，但是情节轻微危害不大的，不认为是犯罪。"

犯罪是具有严重社会危害性的行为，这是犯罪的本质特征。危害社会的行为不一定都是犯罪，只有危害达到相当程度、需要刑法加以干预时，才能构成犯罪。没有社会危害性，就没有犯罪；社会危害性没有达到相当的程度，也不构成犯罪。

**生活与法**

伟海是家里最小的儿子，父母对他娇生惯养、百依百顺。从小伟海就骄横跋扈、欺凌骂众。初中毕业后，伟海不再上学，整天和一群朋友结伙打架赌博，无恶不作。一旦赌输，就管父母要钱。父母稍有怨言，伟海就破口大骂，甚至大打出手。父母和两个哥哥曾多次对其进行规劝，都不见效。一次，伟海喝醉酒后，遭到母亲训斥，伟海将母亲毒打一顿后躺倒睡着。忍无可忍的父母决定除掉这个"祸害"，于是合力将伟海勒死，随后投案自首。案发后，全村的村民联名上书政法机关，称伟海的父母"大义除恶子"，请求对其宽大处理。法院经审理认为，伟海父母的行为已触犯刑律，构成故意杀人罪，应予惩处。考虑到伟海生前作恶多端，被告人在出于义愤的情况下才采取故意杀人行为，且作案后主动投案自首，可以依法予以减轻处罚，最后法院以故意杀人罪判处伟海父母有期徒刑三年。

你认为法院的判决正确吗？为什么？

犯罪是具有刑事违法性的行为，这是区分犯罪与其他违法行为的法律分界线。一个违法行为是不是具有相当严重的社会危害性，要看它是不是触犯了刑法的规定。触犯刑法，表明行为的社会危害性已经达到严重的程度；没有触犯刑法，则表明行为的社会危害性还没有达到严重的程度，故不构成犯罪。

什么是刑法的政治目的？是对其他人的震慑。

——列宁

没有法律就没有犯罪，没有法律就没有刑罚。

——麦克莱

我国刑法第三条规定："法律明文规定为犯罪行为的，依照法律定罪量刑；法律没有明文规定为犯罪行为的，不得定罪处罚。"这就是罪刑法定原则，它可以概括为"法无明文规定不为罪"，这是现代世界各国公认的一项刑法原则。犯罪的刑事违法性特征正是罪刑法定原则在刑法上的体现。

### (二)刑罚的种类

犯罪是应当受到刑罚处罚的行为。任何违法行为都有法律后果：一般违法的后果是民事处分或行政处分，犯罪的法律后果是刑罚处罚。犯罪与刑罚紧密相连、相互依存，犯罪是刑罚的前提，刑罚是犯罪的结果。

刑罚是国家审判机关依法对犯罪分子使用的最严厉的强制性制裁方法，是对付犯罪的主要工具。刑罚的严厉性是其他处罚方法不可比拟的，它可以剥夺犯罪分子的权利、财产、人身自由乃至生命。

刑法第三十二条规定："刑罚分为主刑和附加刑。"主刑是对犯罪分子适用的主要刑罚方法，它只独立适用，不能作为其他刑罚方法的附加来适用。主刑的种类有管制、拘役、有期徒刑、无期徒刑和死刑。附加刑是补充主刑适用的刑罚，附加刑的种类有罚金、剥夺政治权利和没收财产。它既可以独立适用，也可以附加适用。刑法第三十五条规定："对于犯罪的外国人，可以独立适用或者附加适用驱逐出境。"

管制——是指对罪犯不予关押，但限制其一定自由，由公安机关执行和群众监督改造的刑罚方法。判处管制的罪犯仍然留在原工作单位或居住地工作或劳动，在劳动中应当同工同酬。管制的期限为三个月以上两年以下，数罪并罚时不得超过三年。

拘役——是指由人民法院判决，公安机关就近执行的，短期剥夺犯罪分子人身自由、强制劳动改造的刑罚。拘役的期限为一个月以上六个月以下，数罪并罚时不得超过一年。

有期徒刑——是剥夺犯罪分子一定期限的人身自由，实行强制劳动改造的刑罚方法。有期徒刑刑罚幅度变化较大，在我国刑罚体系中，居于中心地位。有期徒刑的刑期从判决执行之日起计算，判决前先行羁押的，羁押一日折抵刑期一日。服刑期间，确有真诚悔改或立功表现的，可以减刑；符合一定条件的，也可以假释。

无期徒刑——是指剥夺犯罪分子终身自由，并强制劳动改造的刑罚方法。无期徒刑的刑期从判决宣判之日起计算，判决宣判前先行羁押的日期不能折抵刑期，无期徒刑减为有期徒刑后，执行有期徒刑，先行羁押的日期也不予折抵刑期。

死刑——也称为极刑、处决，指行刑者基于法律所赋予的权力，结束一个犯人的生命。

罚金——是指强制犯罪人向国家缴纳一定数额金钱的刑罚方法。

剥夺政治权利——是指剥夺犯罪人参加国家管理和政治活动权利的刑罚方法。根据我国刑法第五十四条的规定，剥夺政治权利是指剥夺犯罪分子下列四项权利：(一)选举权和被选举权；(二)言论、出版、集会、结社、游行、示威自由的权利；(三)担任国家机关职务的权利；(四)担任国有公司、企业、事业单位和人民团体领导职务的权利。

没收财产——是指将犯罪分子个人所有财产的一部或者全部强制无偿地收归国有的刑罚方法。没收财产适用于罪行严重的犯罪分子。

驱逐出境——是指强迫犯罪的外国人或无国籍人离开我国国境的刑罚方法。

### (三)刑罚的作用

与犯罪行为作斗争，是刑法的天职。通过打击各类犯罪行为，刑法发挥了多方面的积极作用。

**案例一**

2008年3月14日，拉萨发生打砸抢烧严重暴力事件，不仅严重破坏了社会秩序和社会稳定，而且严重危害了国家、集体和人民群众的生命财产安全。"3·14"打砸抢烧严重犯罪事件骇人听闻，惨不忍睹，灭绝人性，手段残忍，已经触犯了《中华人民共和国刑法》。4月29日，经拉萨市中级人民法院依法审理，作出了一审判决，认定巴桑等30名被告人分别构成放火罪、抢劫罪、寻衅滋事罪、聚众冲击国家机关罪、妨害公务罪、盗窃罪，并依照所犯罪行分别判处无期徒刑、15年以上有期徒刑、3～14年有期徒刑。

**案例二**

小风、小参、小易、小全4名16岁少年，整天游手好闲，沉溺于网络游戏。为筹钱上网，4人进行密谋，决定回原就读的中学向男生"要钱"。他们在一天凌晨潜进校园，采用暴力殴打、搜身、恐吓等手段，对男宿舍15名男生实施抢劫，抢得人民币111元，全部用于吃喝玩乐，最终触犯法律。法院分别判处4名少年有期徒刑2年，并处罚金1000元。

**案例三**

文强，重庆市前司法局局长，2009年9月26日，因涉嫌包庇、纵容黑社会性质组织罪和涉嫌受贿等职务犯罪被逮捕。2010年4月14日下午，一审宣判，文强因受贿1211万元、包庇纵容5个黑社会性质组织、1044万巨额财产来源不明、强奸，数罪并罚，被判处死刑，剥夺政治权利终身，并没收个人全部财产，二审维持了一审法院的判决。7月7日文强被执行死刑，重庆市百姓走上街头争相庆祝。

这些犯罪行为的危害性是什么？

在打击犯罪的过程中，刑法起到什么作用？

**1. 惩罚犯罪，保护人民**

任何犯罪行为的发生，都可能对被害人的经济权益、健康或生命造成损害，会极大地影响公民的正常工作、学习和生活，同时也是对国家制度、国家利益的挑战，犯罪的社会危害性比其他违法行为都要严重，仅仅运用行政处罚、经济处罚、民事赔偿等手段远远不够，必须用最严厉的国家制裁方法即刑罚进行惩罚。刑罚不仅使罪犯丧失再犯的能力，而且使他们在生理和心理上感到莫大的痛苦和耻辱，从而立志改邪归正，以免再次遭受类似的痛苦。惩罚犯罪，保护人民是刑法的基本任务。

我国刑法第二条规定，刑法的任务，是用刑罚同一切犯罪行为作斗争，以保卫国家安全，保卫人民民主专政的政权和社会主义制度，保护国有财产和劳动群众集体所有的财产，保护公民私人所有的财产，保护公民的人身权利、民主权利和其他权利，维护社会秩序、经济秩序，保障社会主义建设事业的顺利进行。

惩罚与保护是紧密联系的两个方面。惩罚不是目的，而是手段。刑法通过惩罚犯罪，最终要达到保护国家和人民利益的目的。其中，国家安全是国家生存和发展的根本前提，是刑法保护的首要对象；公私财产既是进行社会主义建设的重要物质基础，也是我们生产、生活、学习和工作不可缺少的物质条件，同样是刑法保护的重点对象；公民的人身权利、民主权利和其他权利是与我们日常生活关系最密切的权利，也是最容易受到犯罪分子侵害的权利，刑法对这类犯罪的严厉打击突出表现了它保障人权的作用；稳定的政治环境和良好的社会秩序是建设和谐社会的基础，刑法是维护社会秩序、稳定社会环境的强有力的法律武器。

**2. 通过对犯罪分子适用刑罚，教育广大群众**

这是我国刑罚对犯罪分子的主要功能。对一些犯罪规定一定的刑罚，可以教育广大人民群众，让其了解违法犯罪行为的后果，使其自觉地遵纪守法，并积极参与同犯罪分子的斗争。对犯罪分子判处应得的刑罚和执行刑罚，可以使广大人民群众进一步知法、懂法，认识犯罪之后刑罚的不可避免，这能提高人民群众遵纪守法的自觉性和同犯罪分子斗争的积极性。

曾经有一美好的生活摆在我面前，我没好好珍惜。如果时光能倒流的话，我会说三个字“不犯罪”，如果要一个期限的话，我想是一万年。

——一个罪犯的自白

**3. 威慑潜在的犯罪，使人不敢轻易以身试法**

有些人虽然暂时没有实施犯罪，但总是伺机而动。当他们看到犯罪分子受到应有的刑罚处罚后，会认识到刑罚的威力，从而悬崖勒马、弃恶从善。

## 二、自觉预防犯罪　善于同犯罪斗争

### (一)预防未成年人犯罪

据有关资料统计,青少年犯罪在全部刑事案件中所占比例:1991 年为 63.7%,1992 年为 61.1%,1993 年为 60.4%,1994 年为 58.3%,1995 年为 55.2%,1996 年为 51.1%,1997 年为 49.3%,1998 年为 47.4%。近年来,25 岁以下的作案人员已经占到全部刑案人员的 70%。青少年犯罪已经成为刑事犯罪活动中的热点,而且有蔓延的趋势。

有人把青少年比喻成祖国的“花朵”,也有人把他们比喻成“早上八九点钟的太阳”,在这个令人羡慕的黄金年龄段,本应是刻苦学习、努力工作,展现自身才华,实现人生价值的重要阶段。然而,有的青少年却由于种种原因,陷入了违法犯罪的泥潭,在人生的履历表上留下了挥之不去的污点,有的身陷囹圄,有的甚至还付出了生命的代价。预防未成年人犯罪,刻不容缓。

链接

近年来,未成年人违法犯罪人数呈上升趋势,犯罪手段不断向成人化、智能化发展,犯罪类型也多种多样。从调查情况看,未成年人违法犯罪主要存在以下四个特点。

一、团伙犯罪增多。未成年人违法犯罪中,有相当一部分是团伙犯罪(如:结伙抢劫、结伙偷盗等)。他们往往模仿武侠小说、武打影片中帮派活动的形式,结伙成帮、结帮成派,共同进行犯罪活动。

二、暴力犯罪突出。未成年人年龄偏轻,模仿性较强,犯罪时带有很大的盲目性,往往不顾一切,不计后果,仅凭一时冲动实施故意杀人、故意伤害、纵火等暴力型犯罪。

三、犯罪类型多样。与以往相比,未成年人犯罪涉足的类型越来越广,除盗窃、抢劫、伤害等传统型犯罪外,对一些新类型案件,如绑架勒索、抢劫汽车、吸毒贩毒等也有所涉足。

四、犯罪年龄下降。未成年人犯罪中,在校生犯罪占据了相当比例,犯罪低龄化趋势日渐明显,初犯年龄越来越小。

五、反复性强。青少年模仿性强,犯罪学得很快。正是:“近朱者赤,近墨者黑。”违法犯罪的青少年,既有可塑性强、易于改造的一面,同时也存在着较大的反复性。在看守所、监狱的“交叉感染”,使其学会了更多的犯罪“技术”,由以前的“一面手”变成“多面手”,并且胆子更大,反侦查性更强。

我国刑法第三条规定,预防未成年人犯罪,应在各级人民政府组织领导下,实行综合

治理。政府有关部门、司法机关、人民团体、有关社会团体、学校、家庭、城市居民委员会、农村村民委员会等各方面共同参与，各负其责，做好预防未成年人犯罪工作，为未成年人身心健康发展创造良好的社会环境。

一些人走上犯罪道路，家庭、学校和社会固然有责任，但外因只能通过内因才能起作用，更主要的原因还在于自身的主观原因。从心理角度分析，未成年人犯罪的主观原因主要有以下五个方面。

**1. 好奇心理**

好奇，是未成年人的天性。由于他们的社会阅历浅，判断是非的能力差，在缺乏良性诱导的情况下，容易随心所欲，误入歧途。由好奇心理引发的犯罪类型主要是：吸毒、色情暴力、网络犯罪等。

**2. 逆反心理**

从生理学的角度讲，未成年人正处于逆反心理强烈时期。容易诱发逆反心理的因素主要有以下三个方面：一是家长教育不当，表现为过于严格、过于溺爱或教育方法简单粗暴、使孩子忍受不了；二是家长望子成龙心切，造成孩子因学习、生活压力太大而进行反抗；三是学校过分追求升学率，只注重优等生的教育，容易使成绩差的学生自暴自弃，产生破罐子破摔的心理。

**3. 盲从心理**

这主要表现在某些共同犯罪中，一部分未成年人完全是在主犯的教唆、诱导、胁迫下，盲目地服从，在不知不觉中涉足犯罪。还有一部分未成年人则盲目效仿武侠小说、武打影片中帮派活动的形式，结伙进行犯罪活动。

**4. 攀比心理**

一些未成年人贪慕虚荣、讲究吃穿、好逸恶劳，这是未成年人盗窃、抢劫、敲诈勒索等侵财犯罪的重要原因。

**5. 报复心理**

未成年人心态不稳，控制力不强，报复情绪浓，稍有委屈便无法承受，遇到一些事情易生妒恨，继而进行报复，使自己的行为超越了道德和法律的范畴。

未成年人违法犯罪的教训，让我们深切地体会到，路是人选的，时光不倒流，事后后悔为时已晚。青春拒绝犯罪，关键在于自己走好人生路。

针对未成年人的身心特点、犯罪原因，刑法规定了未成年人犯罪承担刑事责任的特殊原则，以最大限度教育和挽救走上犯罪道路的未成年人。

我国刑法第十七条规定，已满十六周岁的人犯罪，应当负刑事责任。已满十四周岁不满十六周岁的人，犯故意杀人、故意伤害致人重伤或者死亡、强奸、抢劫、贩卖毒品、放火、爆炸、投毒罪的，应当负刑事责任。已满十四周岁不满十八周岁的人犯罪，应当从轻或者减轻处罚。因不满十六周岁不予刑事处罚的，责令他的家长或者监护人加以管教；在必要的时候，也可以由政府收容教养。

## (二)见义勇为、见义智为,同犯罪作斗争

**生活与法**

许俊谷景生前系某市房管局职工。在单位同事眼中,他一直是乐于助人的"义务修理工"、"腿脚勤快的通讯员"、"抗灾救灾的急先锋";在邻居看来,他一直是一个主动帮危扶困、热心社会公益事业、勇于匡扶正义的好青年。2008年3月10日15时许,许俊谷景发现吴晓剑等六人正在盗窃一辆电动车,在毅然喝止窃车贼不法行为时,与上述六名罪犯进行了奋勇搏斗,不幸壮烈牺牲,年仅33岁。他用宝贵的生命让人们认识了"正义的力量",他用青春热血诠释了一个新时代青年的人生意义和生命价值。

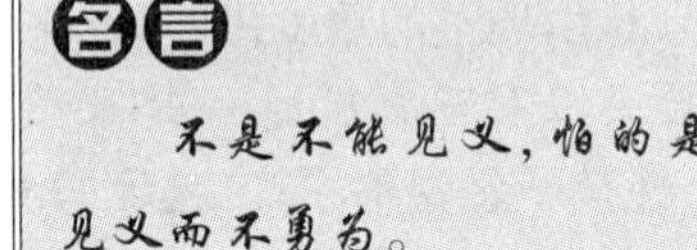

**名言**

不是不能见义,怕的是见义而不勇为。

——谢觉哉

见义勇为、匡扶正义是中华民族的传统美德,更是法律赋予我们的权利。见义勇为不仅有助于预防犯罪,打击犯罪,而且弘扬了社会正气,是我们面对犯罪时应当作出的选择。

为了打击犯罪分子的嚣张气焰,鼓励广大公民积极同违法犯罪作斗争,我国刑法规定了正当防卫制度和紧急避险制度:为了使国家、公共利益、本人或者他人的人身、财产和其他权利免受正在发生的危险,不得已采取的紧急避险行为,造成损害的,不负刑事责任;为了使国家、公共利益、本人或者他人的人身、财产和其他权利免受正在进行的不法侵害,对不法侵害者实施的必要的防卫行为,属于正当防卫,不负刑事责任。

**生活与法**

某日深夜,青年杨某尾随下夜班的青年女工王某至无人处,他拦住王某,拔出尖刀,逼迫王某与其发生性关系。王某开始假装顺从,趁杨某思想放松、忙于解衣时,从他手里抢过尖刀,将杨某刺死。

王某的行为是正当防卫吗?为什么?

构成正当防卫必须同时具备以下五个条件。

◇起因条件:侵害现实存在

正当防卫的起因必须是具有客观存在的不法侵害。"不法"指法令所不允许的,其侵害行为构成犯罪为条件。

◇时间条件:侵害正在进行

不法侵害正在进行的时候,才能对合法权益造成威胁性和紧迫性,因此才可以使防卫行为具有合法性。为了杀人而

侵入他人住宅的，即使尚未着手杀害行为，也被视为不法侵害行为已经开始。

◇主观条件：具有防卫意识

正当防卫要求防卫人具有防卫认识和防卫意志。例如，甲正欲开车撞死乙，恰好乙正准备对丙实施抢劫，而且甲对乙的犯罪行为并不知情。这种情况下，甲不具有保护权益的主观意图，因此也不构成正当防卫。

◇对象条件：针对侵害人防卫

正当防卫只能针对侵害人本人防卫。由于侵害是由侵害人本人造成的，因此只有针对其本身进行防卫，才能保护合法权益。

◇限度条件：没有明显超过必要限度

防卫行为必须在必要合理的限度内进行，否则就构成防卫过当。例如，甲欲对乙进行猥亵，乙的同伴丙见状将甲打倒在地，之后又用重物将甲打死。这就明显超过了正当防卫的必要限度。

链接

第二十条　为了使国家、公共利益、本人或者他人的人身、财产和其他权利免受正在进行的不法侵害，而采取的制止不法侵害的行为，对不法侵害人造成损害的，属于正当防卫，不负刑事责任。

正当防卫明显超过必要限度造成重大损害的，应当负刑事责任，但是应当减轻或者免除处罚。

对正在进行行凶、杀人、抢劫、强奸、绑架以及其他严重危及人身安全的暴力犯罪，采取防卫行为，造成不法侵害人伤亡的，不属于防卫过当，不负刑事责任。

——《中华人民共和国刑法》

见义勇为是高尚的品质，理应得到全社会的褒扬和敬佩。然而，身为未成年人，在面对凶残狡猾的犯罪分子时，不仅要见义勇为，还要见义智为。有勇有谋，才能最有效地打击犯罪。

生活与法

2008 年 12 月 5 日晚上，某地电视台女主持人晓芳在自己的轿车上被歹徒用枪劫持，面对顶住头部的手枪，机敏的晓芳假装顺从，然后趁歹徒不注意，悄悄地重拨了刚才朋友的电话，朋友从电话中逐渐听出了问题，于是报警。公安局设下了层层包围圈，300 名特警、刑警和武警紧急赶赴现场，在强大压力下，犯罪嫌疑人最终选择了畏罪自杀。

**小贴士**

当我们遭遇违法犯罪时，首先要观察分析双方的力量对比。在力量对比悬殊的情况下，不宜与犯罪分子硬碰硬，而应在保全自己、减少伤害的前提下，巧妙地借助他人或社会的力量，采取灵活多变的方式将犯罪分子绳之以法。常见的有效方法包括及时拨打“110”报警电话以争取救助；虚张声势，巧妙周旋，争取时间；记住歹徒的声音体貌特征；了解歹徒去向；保留好歹徒遗留的一些物证或保护好现场等。

### （三）预防职务犯罪

**链接**

据最高人民检察院工作报告，2011 年共立案侦查各类职务犯罪案件 32567 件，涉及 44506 人，其中贪污贿赂大案 18464 件，涉嫌犯罪的县处级以上国家工作人员 2524 人。立案侦查涉嫌职务犯罪的行政执法人员 7366 人、司法工作人员 2395 人。

职务犯罪，是指具备一定职务身份的人不履行职责、不正确履行职责或者利用职权谋取不法利益，妨害国家对职务行为的管理活动，损害公众对政府的信赖感，依法应受刑事处罚的行为的总称。在我国，常见的职务犯罪包括重大责任事故罪、贪污罪、贿赂罪、挪用公款罪、玩忽职守罪、滥用职权罪、渎职罪、制售伪劣产品罪等。职务犯罪对我国社会主义建设事业危害颇深，预防和控制职务犯罪，对构建社会主义和谐社会意义重大。

**小贴士**

除了国家工作人员以外，非国家工作人员也可能实施职务犯罪。例如，如果是公司、企业或其他单位的工作人员实施了与贪污、受贿、挪用公款等类似的行为，分别可以构成职务侵占罪、非国家工作人员受贿罪和挪用资金罪。

**生活与法**

移动公司需要在某街道办事处辖区内的山上建电信基站，便委托某工程有限公司与该办事处协商此事。经协商，双方就此事达成了协议。后该公司按时任办事处工作委员会书记姚某的要求将协议所规定的场地资金费 26 万元向其支付。姚某以“施工拆迁加班补助”的名义将其中 2 万元发给办事处的七位班子成员，余款 10 万元经姚某与该街道其他负责人商议后，以街道办事处的名义与他人签订了一份假施工协议书后，共同将该款侵吞。

试分析姚某犯罪的原因。我们应当如何从自身做起预防职务犯罪？

防范职业活动中的犯罪行为，就是要解决犯罪的源头问题，让有犯罪倾向的人去掉犯罪的念头，或者阻断已经实施的犯罪行为。除了加强完善政府和社会的管理监督制度外，更需要我们自身提高遵纪守法意识。人生在世，要面临很多诱惑。我们要珍惜来之不易的工作岗位，树立正确的世界观、人生观、价值观；用理性和责任约束自己，自立、自强、自爱、自律，自觉遵纪守法；培养健康向上的爱好，不被一时的灯红酒绿所迷惑。以廉洁为本，以国家、集体利益为重，这样我们在未来的职业活动中才能得到真正和永久的幸福。

> 职权对廉洁者是一把人生的拐杖，对贪婪者是一把自刎的利剑。
>
> ——佚名

## 实践探究

一、收集见义勇为和见义智为的案例，谈谈青少年应该怎样与违法犯罪行为作斗争。

二、以案学法——模拟法庭

2009 年 4 月 5 日，14 岁的中学生许某因为在网吧和 13 岁的王某抢座位发生口角，王某扬言要“做掉”许某。第二天，王某叫上 17 岁的张某和 18 岁的李某去教训许某，在校门外，正好碰到放学出来的许某和 17 岁的赵某。于是，他们将两人骗到外面的荒地里对其大打出手。打斗中，王某拿起一块砖头砸向许某的头部，许某头一偏，石头落在许某的右肩上，当场许某的右臂就已抬不起来。李某则一脚踹在赵某的屁股上，赵某当场跌倒在地，满脸擦伤，赵某顺手拿起半截木棍，打在李某的右手腕上，旁边的张某则顺势一推赵某，赵某倒在石头上。就在这时，闻讯赶来的老师阻止了双方，并把受伤者送进了医院。经医院检查、法医鉴定，许某的右臂锁骨严重骨折，为重伤；李某的右手腕骨折，为轻伤；赵某脸上的擦伤为轻微伤。打架双方的监护人都被叫到医院，但双方都互相指责，不愿承担责任。

要求：

1. 请认真分析上面的案例，查阅相关法律。

2. 分角色担任审判员、陪审员、书记员、双方当事人及监护人、律师、证人、旁听者、新闻记者等，组建合议庭，进行模拟法庭审判。

3. 写出法院的判决结果。

# 第五单元　依法从事民事经济活动　维护公平正义

学习目标：

熟悉与生活、学习和工作相关的法律基础知识，理解其意义和作用；

树立依法从事民事活动和经济活动的信念，提高依法从事民事活动、经济活动的能力；

学会依法做事，依法维护权益、履行相应义务、承担责任。

## 第十一课　公正处理民事关系

呱呱坠地，我们就具有了人格权；未成年时，享有受监护权和受教育权等；达到法定婚龄、合法结婚和生育后，形成婚姻家庭关系；去世后，还会有财产继承关系。民事法律关系伴随我们一生。我们该如何依法从事民事活动、公正处理民事法律关系？通过本课的学习，我们将领会民法的基本原则，掌握基本的民事权利和义务，尊重法律规则，履行法律义务，提高民事权利意识，增强依法从事民事活动的能力，崇尚公平正义。

### 一、依法参与民事活动

#### （一）民法就在我们身边

**生活与法**

清晨起床去超市买蔬菜和生活用品，却被怀疑偷盗超市丝袜，48岁的马某被保安“带到”保安办公室后，被迫当着超市两名女工作人员的面掀开内衣接受检查。马某感到自己受到羞辱，于是在女儿陪同下向超市提出了三点要求：开除参与搜身的员工、公开道歉、赔偿精神损失费。超市方面认识到错误后，答应了马女士的要求。

查阅民法的规定，想一想：马女士的三点要求是合理的吗？

从中体会民法在社会生活中的重要作用。

民法与人们日常生活的关系最直接、最密切。公民只有做到学民法、知民法、懂民法、用民法，才能保证各种民事活动依法有序进行，保护公民和法人的合法权益，协调公民之间、法人之间、公民与法人之间的民事法律关系，兼顾个人利益、集体利益与国家利益，维护正常的经济秩序和社会秩序。

民法分狭义和广义两种。广义的民法包括调整人身关系、财产关系、亲属关系、知识产权关系以及商事关系的法律规范。狭义的民法仅指调整人身关系和财产关系的法律规范。我国 1986 年通过的民法通则，是我国现行的基本民事法律。二十多年来，随着改革开放和社会主义市场经济的深入发展，我国的民事法律制度渐趋完善，已经制定和实施了合同法、物权法、担保法、婚姻法、继承法等一系列民事法律。

民法是规范社会生活的重要法律，是调整社会主义市场经济的基本法律。它具有极其重要的功能。

一、民法可以为现代化市场经济提供一般规则和市场活动的行为规范，使市场参与者在这些规则允许的范围内各显神通，开拓进取，创造最佳业绩，促进社会主义市场经济的发展。

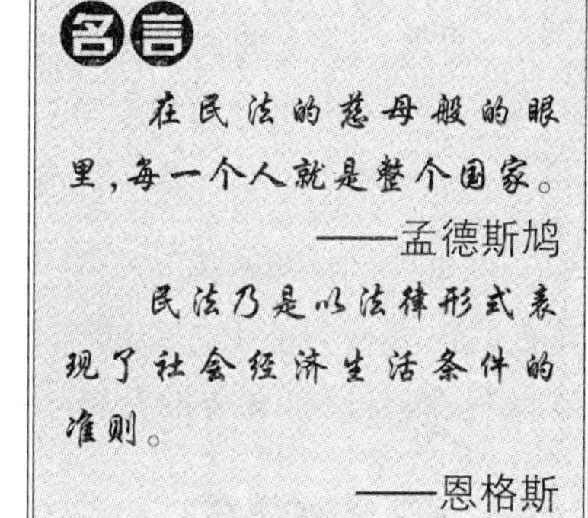
名言

在民法的慈母般的眼里，每一个人就是整个国家。

——孟德斯鸠

民法乃是以法律形式表现了社会经济生活条件的准则。

——恩格斯

二、民法可以为人权提供基本保障。民法实质上是权利法。它首先给人的人格权、人身权、财产权等基本权利以规定和保护，为其他权利包括政治权利和经济、社会、文化权利的保护提供基础。

三、民法可以维护社会公平正义。民法体现着社会公平和社会正义。它调节着各种利益，保护人们合法地谋求自己的利益，不允许侵害社会和他人的利益，谋取非法利益。

**(二)民事法律关系**

人在社会生活中必然会结成各种各样的社会关系，这些社会关系受各种不同的规范调整。其中由民法调整形成的社会关系就是民事法律关系。民事法律关系，是民法调整的平等主体的公民之间、法人之间、公民和法人之间的财产关系和人身关系。

民事法律关系有三个特征：平等主体之间的关系，一般是自愿设立的；以民事权利和义务为内容的法律关系；保障措施具有补偿性和财产性。

民事法律关系包含三个要素：民事法律关系的主体、民事法律关系的内容、民事法律关系的客体。缺少其中的任何一个都不能成立民事法律关系，其中任何一个发生变化，民事法律关系也就发生变化。

民事法律关系的主体，简称民事主体，是指在民事法律关系中独立享有民事权利和承担民事义务的公民(自然人)、法人和其他组织。凡法律规定可成可以成为民事主体的，不论其为自然人还是组织，都属于民法上的“人”。因此，自然人、法人和其他组织都可以成为民事主体。国家也可以成为民事主体，例如，国家是国家财产的所有人，是国债的债务人。

自然人——民法通则称之为“公民”，指基于出生而取得民事主体资格的人。

法人——具有民事权利能力和民事行为能力，依法独立享有民事权利和承担民事义务的组织。在我国，法人分为企业法人、机关法人、事业单位法人和社会团体法人等。

其他组织——能够以自己的名义从事活动，但不具备法人的条件，没有取得法人资格的团体性组织。如合伙企业、个人独资企业、个体工商户、农村承包经营户等。

自然人要成为民事主体，必须以具有民事权利能力为前提。自然人从出生时起到死亡时止，具有民事权利能力。

**生活与法**

甲某代5岁的儿子保管祖父留下的一笔财产。儿子满18岁后，要求使用这笔财产。甲某认为儿子大逆不道，忘恩负义，并认为幼儿根本不能拥有任何财产。

你对此怎么看？法律依据是什么？

自然人的民事权利能力只是自然人取得民事权利的可能性，这种可能性需依赖于自然人的民事行为能力才能转为现实。民事行为能力是指自然人能够以自己的行为取得民事权利、履行民事义务的资格，及依法独立进行民事活动的资格。

**生活与法**

有一个10岁的男孩十分顽皮。今年三月，孩子把妈妈刚买的一块进口手表偷出去，以五元钱的价格卖掉，妈妈几经追问才找到买主，耐心地向对方说明情况，要求返还手表，并退回他五元钱。但对方却说手表是买的，又不是骗来的，怎么能退呢？

请问，妈妈可以要求买方返还手表吗？

**链接**

根据公民的年龄和智力状态，法律将自然人的民事行为能力分为三类。

第一，完全民事行为能力。年满18周岁的自然人，或者年满16周岁以上不满18周岁，以自己的劳动收入作为主要生活来源的，视为完全民事行为能力人。

第二，限制民事行为能力。10周岁以上不满18周岁的未成年人和不能完全辨认自己行为的精神病人为限制民事行为能力人，可以进行与自己年龄、智力相应的民事活动，其他的民事活动，可以由他的法定代理人代理，或者征得法定代理人同意后进行。

第三，无民事行为能力。不满10周岁的未成年人和不能辨认自己行为的精神病人，是无民事行为能力，其民事行为均须由法定代理人代理。

法人和其他组织，自合法成立时起，具有民事权利能力和民事行为能力。

民事法律关系的内容是民事主体在民事法律关系中享有的权利和负担的义务，亦即当事人之间的民事权利和义务。民事法律关系的内容包括权利和义务两个方面，权利和义务相互对立又相互联系。权利的内容是通过相应的义务来表现的，义务的内容是由相应的权利来限定的。

民事法律关系的客体是指民事主体享有的民事权利和承担的民事义务所共同指向的事物，主要包括物、行为、智力成果、人身利益等。民事法律关系的客体，因具体的法律关系而有所不同，例如：所有权关系的客体是物，债权关系的客体是行为，知识产权法律关系的客体是智力成果，人身权关系的客体是人身利益等。

物——是指民事权利主体能够实际控制或支配的具有一定经济价值的财产。

行为——是指受主体意志支配、能够引起法律后果的活动。

智力成果——是指人们通过智力劳动创造的精神财富或精神产品。

人身利益——是指民事主体依法享有的，与其自身利益不可分离也不可转让的没有直接财产内容的利益。人身利益包括人格利益和身份利益。

民事法律关系的内容，就是民事主体享有的权利和承担的义务。在民事法律关系中，权利和义务既是相互对立的又是相互联系的，往往一方的权利就是另一方的义务，一方的义务就是另一方的权利。

### （三）民法的基本原则

民法的基本原则是制定、解释、执行民法的基本依据，它贯穿民法的始终，是民事主体进行民事活动和法院审判民事案件的基本准则。无论是民事主体进行民事活动，还是法院审判民事案件，不仅要遵循具体的民事规范，还要遵循民法的基本原则。

最近，某服装厂将原来的简易厕所扩建为200多人公用的永久性厕所（10个蹲位），厕所距宋某家住房很近，严重影响全家人的身体健康。宋某多次向该厂提出，要求解决。厂方以“我们是全民企业，个人不得干涉”为由，置之不理。

请问，宋某该怎么办？

#### 1. 平等原则

平等原则，是我国民法的首要原则、核心原则。《民法通则》第三条规定：“当事人在民事活动中的地位平等。”参加民事活动的当事人，任何一方不得把自己的意志强加给对方，同时法律也平等地保护双方当事人的合法权益。

王子不在法律之上，而法律却在王子之上。

——小普林尼

### 2. 自愿、公平、诚实信用、等价有偿原则

对人以诚信，人不欺我；对事以诚信，事无不成。
——冯玉祥

台胞王先生在北京某免税外汇商场购买了日本GG－125型摩托车一辆，因当时无货，故委托赵某在商场到货后提货。赵某不慎于9月27日将该提货单遗失，即于第二天到该免税外汇商场挂失。按照商场挂失处的要求，赵某交纳了挂失费200元和海关查单费10元，该处同志拿出一份印制好的《北京某某免税外汇商场货券报失办法(代协议书)》要赵某签字。赵某一看协议书第6条规定：“货券报失期间，万一货物被他人冒领，提货处向报失人提供冒领者的情况，由报失人自行向冒领者追回货物。提货处不承担任何责任。”赵某认为这条规定不合理，不同意签字，该同志说：“你不签字就不能挂失，那我们就什么也不管了。”在这种被迫无奈情况下，赵某只好签字，交了挂失费办完一切正式手续后，赵某经常到提货处询问是否有人来冒领，商场让他等通知，如果没有通知，让赵某半年后来提货。同年11月8日赵某托人到商场查问，电脑显示：10月27日摩托车已被人提走。第二天赵某到商场交涉，商场推之不管。

商场办理了正式挂失手续，对挂失商品被冒领应承担赔偿责任吗？为什么？

参加民事活动的当事人，应自由地基于其真实意志，依据社会公认的公平观念，诚实善意、实事求是，信守承诺和法律规定，行使权利的同时亦不侵害他人与社会的利益，自觉履行约定的或法定的民事义务，按照价值规律的要求，实行等价交换，使当事人之间以及当事人与社会之间的利益得到平衡。

### 3. 保护公民、法人合法民事权益原则

《民法通则》第五条规定：“公民、法人的合法的民事权益受法律保护，任何组织和个人不得侵犯。”

### 4. 遵守法律和国家政策原则

《民法通则》第六条规定：“民事活动必须遵守法律，法律没有规定的，应当遵守国家政策。”

### 5. 维护社会公共利益原则

《民法通则》第七条规定：“民事活动应当尊重社会公德，不得损害社会公共利益，破坏国家经济计划，扰乱社会经济秩序。”

### (四)民事责任

村民阮华祖传一手好木匠活，因所做的家具式样新颖、漂亮，价格合理，交货及时，被邻人称做“活鲁班”。由于阮华自己要办婚礼，于是从家里的仓房里找出几块好木头，精心为自己打做了一套家具，式样新颖独特，手工细致，很多人见了都啧啧称赞。谁知3个月后其父的一位朋友孟殊找来，要求阮华返还其寄存在阮父这里的几块上好的红木，查验之下，才发觉正是阮华用来打家具的那几块木材。孟殊要求将用其木材打造的家具返还给他。阮华坚决不同意，一方面，婚礼的时间已近，重新打造家具时间来不及，另一方面，阮华认为几块红木打成家具以后，价值大增，不能返还。

阮华不予返还家具的主张能否成立?

孟殊怎样才能使其所受损失得到赔偿?

民事活动，必须依法正确行使民事权利，自觉履行法定的民事义务，不允许以保护公民和合法利益为借口，损害国家或集体利益，也不允许以保护国家和集体利益为借口，损害公民或法人利益，否则就要承担相应的民事责任。根据我国民法通则的规定，承担民事责任的方式有:停止侵害，排除妨碍，消除危险，返还财产，恢复原状，修理、重做、更换，赔偿损失，支付违约金，消除影响，恢复名誉，赔礼道歉等。这些方式可以单独适用，也可以合并适用。

## 二、依法保护人身权

生活与法

曲某，某供销公司的经理;洪某，该公司的副经理、党支部书记。二人在工作中配合不够默契，曲某对洪某有成见。一次，洪某外出，忘记将办公桌的抽屉锁好，曲某借机翻看，见抽屉中放有洪某的一本日记，洪某在日记中记载了她对前男友的倾心、怀念、思恋的感情，她为情所困，苦闷而又无力解脱。曲某见此如获至宝，将相关的内容摘记下来，组成证明洪某道德败坏、生活作风不端正的材料，复印数份，寄送组织、纪检、监察等有关部门，又召开公司职工大会，在会上宣读了洪某日记中的部分内容，并加以夸张、歪曲的解释。洪某回到单位后，职工对其躲避，有关领导找其谈话。洪某得知内情，遂向法院提起诉讼。

该案中洪某的哪些权利被曲某侵犯?

人身权是民事主体依法享有的与其人身不能分离的，以一定精神利益为内容的民事权利。人身权是与公民身体有关系的权利，通常情况下，人身权不得以任何形式让与他人，即不得买卖、转移、赠与或继承。人身权是一种没有直接财产内容，不直接体现为一定的财产利益的民事权利。因此人身权不能用金钱去衡量，只能用一定的观念对其作出评价，但当人身权受到侵犯时，往往会发生相关的财产损害并为权利人带来财产利益。

名言

属于我们的东西可以分为两种，一种是本来就属于我们的东西，另一种是我们所负担的东西。

——登厄鲁斯

生活与法

某市展览馆与某科研单位和计划生育部门联合主办了为期一个月的“优生优育展览”。为办好展览，他们将某妇产医院提供的为研究治疗患者疾病而给青年妇女刘某拍摄的一张裸体照片以及由其他有关科研部门提供的另外三人的病体裸照，在未取得患者及其亲属同意的情况下，在展览会上公开展出。展出期间，刘某的父母看到女儿的病体裸照被公开展出，其母气得当场昏倒在地。其父亦非常生气，并与展览馆交涉，要求立即取下女儿的照片。之后又多次要求主办单位将其女儿的照片底片和印出的照片全部销毁，均遭到主办单位拒绝。刘某的丈夫得知其妻的裸照被公开展出，愤然与妻子离婚。刘父亦因奔走劳累和气愤，心脏病复发，含愤而死。为此，刘某及其母亲要求展览主办单位和有关单位停止侵害、赔偿损失，并起诉到法院。

该案中刘某的哪些权利被侵犯？

刘某应该怎样依法保护自己的权益？

人身权包括人格权和身份权两大类。人格权是以民事主体的人格利益为民事客体的权利。人格权包括生命健康权、姓名权、名誉权、肖像权和隐私权。

生命健康权包括生命权、身体权和健康权三种。侵犯他人生命健康权要受到法律制裁。我国民法通则规定，侵害公民身体造成伤害的，应当赔偿医疗费、因误工减少的收入、残疾者生活补助费等费用；造成死亡的，应当支付丧葬费、死者生前抚养的人必要的生活费等费用。

姓名权是自然人决定、使用和改变自己姓名的权利。我国民法通则规定，公民享有决定、使用和依照规定改变自己的姓名的权利，禁止他人干涉，盗用假冒。一般来说，未成年之前，个人的姓名是由父母决定的；在成年之后，个人有权决定继续使用或者改变自己的名字，但是应当遵守国家有关户籍管理的规定。此外，公民有权依法使用笔名或者其他别名。

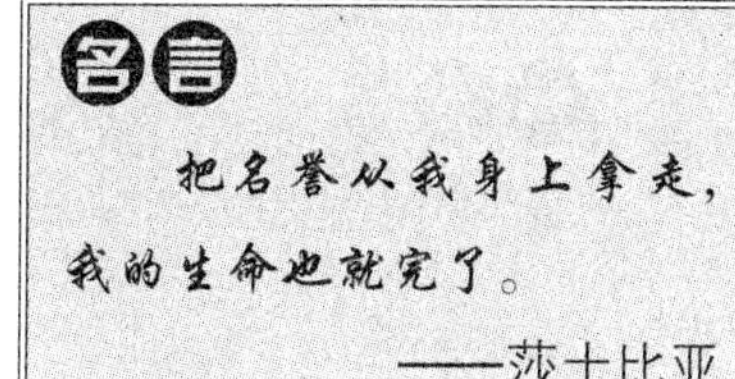


肖像权是自然人对自己的肖像享有再现、使用或允许他人使用的权利。我国民法通则规定，公民享有肖像权，未经本人同意，不得以盈利为目的使用公民肖像。

名誉权是自然人或法人对自己在社会生活中获得的社会评价、人格尊严享有不可侵犯的权利。我国民法通则规定，公民、法人享有名誉权，公民的人格尊严受法律保护，禁止用侮辱、诽谤等方式损害公民、法人的名誉。

隐私权是自然人享有对自己的个人信息、私人活动和私有领域进行支配和保护的权利。我国对公民隐私的保护，是宪法规定的公民权利，如通信自由，住宅不受侵犯等。我国民法对于公民的隐私，是与名誉权一并保护的。死亡者的人格权利同样受到法律保护，侵害死亡者的人格权利同样应承担法律责任。

除上述人格权之外，法律还规定了基于身份关系而产生的身份权，如荣誉权、亲权、配偶权、亲属权、知识产权中的身份权等。

荣誉权是自然人、法人依法享有的因为自己的突出贡献或者特殊劳动成果而获得荣誉称号的权利。我国常见的荣誉称号主要有自然科学技术奖、技术发明奖、科技进步奖、先进工作者、先进生产者、劳动模范等。

亲权是父母对自己的未成年子女在人身方面和财产方面的管理和保护的权利，包括保护权、教育权、法定代理权与同意权、财产管理权、财产处分权、财产使用权。父母对未成年子女的亲权既是一种权利也是一种义务。父母不行使权利或不履行义务都被视为侵害亲权。

配偶权是指婚姻关系存续期间丈夫与妻子之间的身份权利。夫妻双方有使用自己姓名的权利，有参加生产、工作、学习和社会活动的权利，有彼此相互抚养的权利，有相互忠诚尊重的权利，有解除婚姻关系的权利。

亲属权是指父母与成年子女、祖父母与孙子女、外祖父母与外孙子女、兄弟姐妹间的身份权。

知识产权中的身份权主要有发表权、署名权、修改权、保持作品完整权、发明权、发现权等。

年仅15岁的宋姣完成了一项发明，各种荣誉也将接踵而至，其发明专利权、荣誉权由宋姣享有还是她的父母享有呢？

知识产权——是指公民、法人对其创造性劳动所产生的知识产品依法所享有的一种民事权利。

发表权——又称公表权，属于著作人身权，指作者享有将作品公之于世的权利。发表权的内容，包括发表作品与不发表作品两方面的权利。

署名权——是指表明作者身份，在作品上署名的权利。

修改权——是指作者依法所享有的自己或授权他人修改其创作的作品的权利。一般情况下，他人未经授权而擅自修改作品，是侵犯作者修改权的行为。

保持作品完整权——是指除了著作权人或者本人同意之外，其他任何人不能随意删减其创作的作品的权利。

发明权——就是对产品、方法或其改进所提出的新技术方案而享有的专有权利。

发现权——是指发现人因重大科学发现，经评审而获得的荣誉和物质奖励的权利。

人身权是人们生存和发展的基本权利，没有人身权，人们就不能进行各种活动。我们中职学生要充分认识到人身权对自己学习、生活、工作以及参加各种社会活动的重要性，要认真学习我国宪法、民法等有关保护人身权的规定，增强权利意识，维护自己的生命健康、人格尊严和人身自由。在复杂的社会环境中，我们要树立防范意识，提高维权意识，学会用法律知识维护自己的人身权，逐步培养自我防范的能力，并做到尊重他人的人身权。

## 三、依法保护财产权

**生活与法**

甲某和乙某是同村农民，因甲某家里需要盖房，甲某向乙某提出欲收购其所有的三根木料。双方约定，甲某以600元价款购买乙某所有的三根木料。甲某当场向乙某支付了300元，并说明等到第二天将余款300元带来付清，并将三根木料拉走。天有不测风云，当天晚上山洪暴发，将存放于乙某院内的三根木料冲走。第二天，甲某带着300元到乙某家中要求其交出木料，乙某则说，昨天买卖已经成交了，而且你已经给了300元，木料已归你了。为此双方发生纠纷，甲某诉至人民法院，要求乙某交付木料。

本案中木料损失的风险应由谁负担？为什么？

### (一)财产所有权

财产权，是指以财产利益为内容，直接体现财产利益的民事权利。财产权是可以以金钱计算价值的，一般具有可让与性，受到侵害时需以财产方式予以救济。广义的财产权既包括物权、债权、继承权，也包括知识产权中的财产权利。狭义的财产权通常指物权。

物权——是指自然人、法人直接支配不动产或者动产的权利，包括所有权、用益物权和担保物权。

债权——是指请求他人为一定行为(作为或不作为)的民法上权利。本于权利义务相对原则，享有债权者叫债权人，必须为一定行为(作为或不作为)的人叫债务人。

继承权——是指继承人依法取得被继承人遗产的权利。

所有权是指财产所有人在法律规定的范围内，对属于自己的财产享有合法的占有、使用、收益和处分的权利。财产所有权的取得方式因财产属性的差异而有所不同。对于不动产，则必须到相关部门办理产权登记，才能取得所有权。动产所有权的取得方式有天然孳息、先占、添附、继受取得、善意取得、拾得遗失物等。按照《民法通则》的规定，动产所有权的转移应自交付时起转移，除非法律另有规定或者当事人另有约定。

**生活与法**

2009年7月9日上午11时许，王女士在丰台区一停车场内不慎将钻戒丢失。随后，王女士向警方求助。民警调取事发地点的录像资料，发现是张某拾得钻戒。捡拾者张某自称以为是假钻戒随手丢弃，无法归还。无奈之下，王女士将张某告上法庭，要求赔偿钻戒损失4.6万余元。日前，北京二中院终审判决，张某拾得遗失物未妥善保管，且具有主观故意，应向王女士赔偿4.6万余元损失。

张某应该赔偿王女士的钻戒损失吗?

不动产——是指在空间上占有一定位置，不能移动或者移动后会影响其经济价值的物，如建筑物、水库、土地等。

动产——是指能在空间上移动而不会损害其经济价值的物，如货币、牲畜、生活用品等。

先占——是指最先占有无主财产。先占取得财产只适用于法律对于无主财产没有特别规定的情形。

天然孳息——指由于物的自然性能孳生出来的收益，如树生果、鸡生蛋、奶牛分泌牛奶等。

添附——是指民事主体把不同所有人的财产或劳动成果合并在一起，从而形成另一种新形态的财产，如果要恢复原状在事实上不可能或者在经济上不合理，在此情况下，则要确认该新财产的归属问题。

继受取得——是指通过某种法律行为从原所有人那里取得对某项财产的所有权，如买卖合同、赠与、互易、继承遗产、接受遗赠、其他合法原因等取得财产。

善意取得——是指无权处分他人动产的占有人，在不法将动产转让给第三人以后，如果受让人在取得该动产时出于善意，就可依法取得对该动产的所有权，受让人在取得动产的所有权以后，原所有人不得要求受让人返还财产，而只能请示转让人赔偿损失。

拾得遗失物——拾得遗失物是指发现他人遗失物而予以占有的法律事实。我国《民法通则》第七十九条第二款规定："拾得遗失物、漂流物或者失散的饲养动物，应当归还失主，因此而支出的费用由失主偿还。"

### (二)财产共有

宋某与妻子王某长期不和。2003年8月23日，宋某私自与马某达成购房协议，将其名下的夫妻共有房屋以90000元的价格卖给马某，并按相关规定办理了房屋产权过户手续。2004年2月，王某将宋某与马某二人告上法庭，请求法院确认该房屋买卖合同无效。

王某的诉求能得到法院的支持吗？她应该怎样保护自己的共有财产权？

在生活中，两个以上的人对同一财产享有所有权，从而形成共有关系。共有是指两个或两个以上的单位或者个人对同一不动产或者动产享有所有权。共有分为按份共有和共同共有。共有人对共有财产份额也享有权利和承担义务，平等地享有占有、使用、收益和处分的权利。

按份共有，是指两个或两个以上的共有人按照各自的份额对共有财产享有权利和承担义务的一种共有关系。如甲出资50万、乙出资35万合买的一间门面房，则甲、乙按照出资份额对该房享有权利。

共同共有，是指各共有人根据共同关系，不分份额地共同享有对共有财产的权利。共同共有主要有以下几种情况：夫妻共有财产、家庭共有财产、共同继承的财产、其他共有财产。

对共有财产的分割可以根据当事人的要求及财产的性质，以下述三种方式分割。

（一）以实质分割方式分割共有财产。在不影响共有财产的使用价值和特定用途时，可对共有财产采取实物分割的方式，例如金钱、粮食、布匹等。

（二）以变价分割方式分割共有财产。对于共有财产如果不能分割或分割有损其价值，而且各共有人都不愿接受共有物时，可以将共有物出卖，所得由各共有人共分。

（三）以作价补偿的方法分割共有财产。对于不可分割的共有物，共有人中的一人愿意取得共有物的，可以由该共有人取得该共有物。对于共有物的价值超出其应得份额的部分，取得共有物的共有人应对其他共有人作金钱补偿，例如一辆汽车、一间房屋等。

### （三）用益物权和担保物权

陶某3年前与村委会签订了为期30年的土地承包合同。但近两年陶某一直在县城做生意，没有时间管理土地。今年春天陶某与邻居李某协商后，签订了土地转包协议，将承包土地转包给李某经营。村委会得知后，以此事没有征得村委会同意为由，认定转包协议无效，并告知陶某如若不承包土地，村委会就要提前收回承包土地。双方争执不下，陶某遂起诉到法院，请求法院保护其承包土地的转包权。法院依据农村土地承包法的相关规定判定：陶某与李某签订的土地转包协议不需经村委会同意，只要到村委会备案即可。

农村土地承包属于什么物权？

用益物权，是物权的一种，是指非所有人对他人之物所享有的占有、使用、收益的排他性的权利。比如土地承包经营权、建设用地使用权、宅基地使用权、地役权、自然资源使用权（海域使用权、探矿权、采矿权、取水权和使用水域、滩涂从事养殖、捕捞的权利）。

生活与法

小亮中职毕业后，一直在成都一家酒店工作，最近他和女朋友商量着买套房子准备结婚，可是手里的积蓄不多。房地产公司说可以办理“按揭贷款”，也就是用他们所要购买的商品房做担保，现在入住，以后逐月还款。

“按揭贷款”在法律上属于什么物权？

财产的所有人可以将其财产（如房屋、汽车、股票）设定抵押或质押，一旦债务不能得到清偿，债权人就可以将该财产折价或者以拍卖、变卖该财产的价款优先受偿。这种以担保债权的实现为目的而产生的一类财产权，就是担保物权。根据我国民法通则、物权法和担保法的规定，担保物权包括抵押权、质权、留置权等。

抵押权——是指债权人对于债务人或者第三人不移转占有而提供担保的财产，在债务人不履行债务时，依法享有的就担保的财产变价并优先受偿的权利。

质权——是指债务人或者第三人将其动产移交债权人占有，将该动产作为债的担保，债务人不履行债务时，债权人有权依法以该动产折价或者以拍卖、变卖该动产的价款而优先受偿。

留置权——是指债权人按照合同的约定占有债务人的动产，债务人不按照合同约定的期限履行债务的，债权人有权依照法律规定留置财产，以该财产折价或者以拍卖、变卖该财产的价款优先受偿。

### (四)财产权的保护

张先生称，他在老家平安县小峡口下红庄村有一套房子，但很少回去住。9 月底，他回平安后发现他家的砖墙被别人刷成了红色，上面写着宣传某酒业公司的广告词。酒业公司告诉他那是某企划资讯公司刷的。10 月 5 日，该企划公司的工作人员与张先生取得了联系，并想送他两瓶酒以了结此事。张先生不想要酒，要求他们把墙面恢复原样。10 月 25 日，企划公司的苗姓工作人员告诉记者，这件事没有提前和张先生协商是他们工作的失误，但当时问过村里的人，村里人说可以刷，他们就刷了。事后，他们送酒被张先生拒绝了。工作人员认为，墙体广告本来就没有多大价值，而且刷了涂料后不会有任何影响，给张先生两瓶价值为 160 元的酒已经很合理了。目前想恢复原样已不可能，只能刷成白色。对于近一个月的墙面使用费问题，他认为没办法支付。

结合上述案例，说说如何依法保护自己和他人的财产权？

我国民法通则规定，公民、法人由于过错侵害国家的、集体的财产或他人财产的，应当承担民事责任。没有过错，但法律规定应当承担民事责任的，应承担民事责任。我国物权法规定，物权受到侵害的，权利人可以通过和解、调解、仲裁、诉讼等途径解决。侵害物权，除承担民事责任外，违反行政管理规定的，要依法承担行政责任；构成犯罪的，要依法追究刑事责任。按照《民法通则》第一百一十七条规定，侵害财产权的行为适用

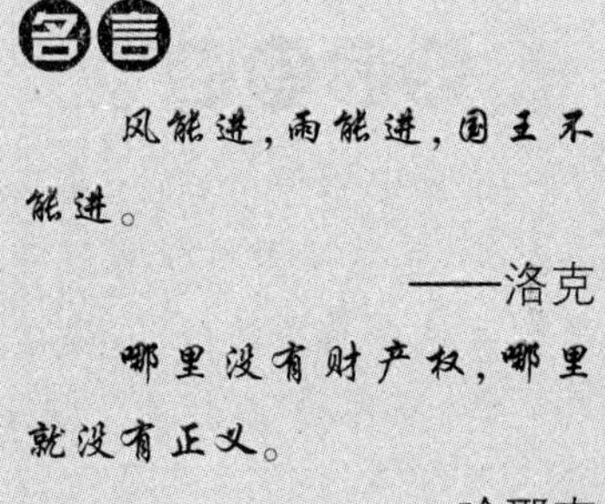
名言

风能进，雨能进，国王不能进。

——洛克

哪里没有财产权，哪里就没有正义。

——哈耶克

的民事责任方式主要有返还财产、恢复原状、赔偿损失。

我们要学习有关保护财产权的法律知识，树立合法财产不可侵犯的观念，尊重国家、集体和他人的财产权。我们还要增强财产自我保护意识，提高自我保护能力，学会用法律武器维护自己的合法财产权。

第十二条　社会主义的公共财产神圣不可侵犯。

国家保护社会主义的公共财产。禁止任何组织或者个人用任何手段侵占或者破坏国家的和集体的财产。

第十三条　公民的合法的私有财产不受侵犯。

国家依照法律规定保护公民的私有财产权和继承权。

国家为了公共利益的需要，可以依照法律规定对公民的私有财产实行征收或者征用并给予补偿。

——《中华人民共和国宪法》

第七十三条　国家财产神圣不可侵犯，禁止任何组织或者个人侵占、哄抢、私分、截留、破坏。

第七十四条　集体所有的财产受法律保护，禁止任何组织或者个人侵占、哄抢、私分、破坏或者非法查封、扣押、冻结、没收。

第七十五条　公民的合法财产受法律保护，禁止任何组织或者个人侵占、哄抢、破坏或者非法查封、扣押、冻结、没收。

——《中华人民共和国民法通则》

第三十三条　因物权的归属、内容发生争议的，利害关系人可以请求确认权利。

第三十四条　无权占有不动产或者动产的，权利人可以请求返还原物。

第三十五条　妨害物权或者可能妨害物权的，权利人可以请求排除妨害或者消除危险。

第三十六条　造成不动产或者动产毁损的，权利人可以请求修理、重作、更换或者恢复原状。

第三十七条　侵害物权，造成权利人损害的，权利人可以请求损害赔偿，也可以请求承担其他民事责任。

——《中华人民共和国物权法》

## 四、善用合同参与民事活动

### (一)生活中处处有合同

购买车票乘车、交钱提货购物、挂号看病、应聘就业……这些渗透在衣食住行中的行为在法律上都是合同关系，受到合同法的调整。

查阅我国的合同法，分析图示活动中存在哪些合同关系。

合同，又称契约，是平等主体的自然人、法人、其他组织之间设立、变更或终止民事权利和义务的协议。合同为当事人确立的相互之间的权利义务关系受到法律的保障。合同并不仅是企业之间经济交往的工具，它在社会生活中无处不在。

**(二)依法订立合同**

订立合同是一种民事法律行为。我国合同法规定，当事人订立合同，有书面形式和其他形式。比如合同书、信件和以传真、电子邮件等表现形式而订立的合同就是书面合同。民事关系中涉及数额较大、履行时间较长或法律有特别规定的，应当签订书面合同，如买房、劳动合同等。口头合同一般用于数额比较小、权利义务关系相对简单的民事法律关系中。

**案例一**

月月看到一服装店的门口贴着减价广告，称店内换季促销，所有商品一律五折。她选中一件牛仔裤准备付款时，收银员却说，新款不参加打折。

**案例二**

甲集团公司准备建一栋办公大楼，乙建筑公司在得知此情况后就向甲公司发出一份详细的书面要约，并在要约中注明："请贵公司于6月20日前答复，否则该要约将失效。"甲公司于6月22日向乙公司发出承诺，但其后未得到乙公司的答复。

上述案例中，形成了法律上的合同关系吗？

合同的订立，是当事人各方通过平等协商，依法就合同内容达成意见一致的过程，即要约与承诺的过程。

要约是希望和他人订立合同的意思表示，又称发盘、出盘、发价或出价。发出要约的当事人成为要约人，接受要约的人为受要约人或相对人。要约的内容必须具体明确，并足以决定合同的主要条款。口头要约自要约人知道要约内容时发生法律效力，非口头要约自要约人送达受要约人时发生法律效力。

承诺是受要约人同意要约的意思表示。要约人收到承诺时，就可以与受要约人订立合同，如果收到的承诺已经具备了符合法律规定的合同形式，合同就成立了。

我国《合同法》第二十八条规定："受要约人超过承诺期限发出承诺的，除要约人及时通知受要约人该承诺有效的以外，为新要约。"

当事人依程序订立合同，就形成合同条款，构成合同的内容。我国合同法采用意思自治原则，合同的内容由当事人自己约定。

《合同法》第十二条规定，合同的内容由当事人约定，一般包括以下条款：当事人的名称或者姓名和住所；标的；数量；质量；价款或者报酬；履行期限、地点和方式；违约责任；解决争议的方法。当事人可以参照各类合同的示范文本订立合同。

合同条款可以分为主要条款和普通条款。主要条款是合同必须具备的条款，例如买卖合同中购买的品牌、数量等就是主要条款。借款的数额、借款人等就是借款合同的主要条款。

有些合同的内容可能是格式化的，比如在银行、保险公司、酒店等办理业务时所面对的文件。格式条款是当事人为了重复使用而预先拟定，并在订立合同时未与对方协商的条款。提供格式条款的一方应当遵循公平这一基本原则确定当事人之间的权利义务关系，并采取合理的方式对该条款予以说明或提请对方注意。为平衡合同当事人之间的关系，合同法对格式条款作出了特别的规定。

2008年5月11日中午，余小姐入住某市龙之梦酒店。由于房间正在整理，无法立刻入住，酒店方让她将行李箱放在行李寄存处。22时许，余小姐回到酒店，却被告知行李箱已丢失。据估算，损失物品价值数万。但酒店方仍坚称："行李吊牌背后的须知、酒店大堂张贴的寄存通告均明确寄存处不负责保管贵重物品和现金，旅客擅自寄存上述物品造成损失，酒店概不负责。"此后，因双方未能就赔偿金额达成一致，余小姐提起诉讼。法官调查得知，行李吊牌是余小姐寄存行为完成后才拿到的，形式上更接近于"收据"而非"合同文件"，且大堂张贴的行李寄存通告被酒店的宣传小册子挡住了右边部分文字。

酒店的寄存须知与寄存通告是格式条款吗？有效吗？

我国合同法第四十条和第四十一条分别规定，格式条款具有合同法规定的无效情形或者免责条款无效的情形，或者提供格式条款一方免除其责任、加重对方责任、排除对方主要权利的，该条款无效。对格式条款的理解发生争议的，应当按照通常理解予以解释。对格式条款有两种以上解释的，应当作出不利于提供格式条款一方的解释。格式条款和非格式条款不一致的，应当采用非格式条款。

### (三)合同的效力

甲公司将其所拥有的一块土地使用权转让给乙公司,乙公司支付了转让费。不久,甲公司就同一块土地又与丙公司签订了土地使用权转让合同,并协助丙公司办理了土地使用权过户登记手续。现乙公司和丙公司对土地使用权归属发生争议,双方诉至法院。

谁拥有这块土地的使用权,为什么?

合同法第四十四条规定:“依法成立的合同,自成立时生效。法律、行政法规规定应当办理批准、登记等手续生效的,依照其规定。”所以当事人订立的合同,并不表示一定具有法律效力。合同法把合同的效力分为有效合同、无效合同、可撤销合同和效力待定合同。

根据我国民法通则和合同法的规定,一份具有效力的合同,应该具有三个条件。

(1)合同的当事人具备订立合同的资格,及具有相应的民事行为能力,即主体必须合格;

(2)合同内容不得违反法律、行政法规的强制性规定,并且不得违背公序良俗和社会公共利益,即内容必须合法;

(3)合同订立过程中不存在欺诈、胁迫、重大误解或显示公平的情形,即当事人意思表示必须真实。

无效的合同或者被撤销的合同自始没有法律约束力。合同被确认无效或者被撤销后,负有责任的当事人应当依法承担缔约过失责任。根据我国民事通则、合同法的规定,当事人应当承担的责任方式主要有:返还财产、赔偿损失、收归国有或返还集体、第三人。

### (四)严格履行合同,参与民事活动

**案例一**

甲公司和乙公司签订了户外广告合同,甲公司委托乙公司审批设立户外广告,甲公司按合同约定付给乙方40%的广告款,乙公司设立户外广告牌之后未按合同约定通知甲方验收,乙方提供甲方第二笔广告发票,甲方按合同支付50%的广告费。随后发现乙方从未按约定设立户外广告牌,也没有提供甲方验收报告。甲方于是向人民法院起诉,要求乙方退回已经支付的广告款。

**案例二**

2008年2月,丙欠丁20000元,并出具了欠条一张,欠条上约定丙于2009年2月份还清,2008年5月17日,丁以妻子精神病加重、女儿因草莓状血管瘤疾病急需入院做手术等情形,向人民法院提起诉讼,请求丙偿还所欠款项。

两案例涉及合同履行的什么原则?从中体会怎样才能提高利用合同参与民事活动的能力。

当事人订立合同，还只是一纸文书或一份承诺，如何将合同的内容落实到位才是关键。履行合同是当事人按照合同规定完成承担的义务，是合同权利得到完全实现的行为。履行合同应遵守下列原则。

**1. 诚实信用原则**

遵守诺言就像保卫你的荣誉一样。

——巴尔扎克

合同当事人在订立、履行、变更、接触合同时应恪守信用，言行一致，尽最大的努力履行自己的合同义务，实现对方的合同权利。这是合同履行的基本原则。

**2. 实际履行原则**

合同当事人必须按照合同规定的标的完成合同义务，未经权利人同意，不得以其他标的代替履行。当然，实际履行不是绝对的，在某些特殊情况下可不加以适用。如以特定物为标的的合同，当该标的灭失时，实际履行已不可能。

标的——是指合同当事人双方权利和义务所共同指向的对象。它是合同成立的必要条件，是一切合同的必备条款。合同标的是多种多样的，一般有四类。

一是有形财产，指具有价值和使用价值并且法律允许流通的有形物，如生产资料与生活资料、货币和有价证券等；

二是无形财产，指具有价值和使用价值并且法律允许流通的不以实物形态存在的智力成果；

三是劳务，指不以有形财产体现其成果的劳动与服务，如运输合同中的运输行为，委托中的代理、行纪、居间行为等；

四是工作成果，指在合同履行过程中产生的体现履约行为的有形物或无形物。

**3. 全面履行原则**

全面履行原则，又称适当履行原则或正确履行原则。它要求当事人按照合同规定的标的及其质量、数量，由适当的主体在适当的履行期限、履行地点以适当的履行方式，全面完成合同义务的履行。

**4. 情形变更原则**

合同依法成立后，因不可归责于双方当事人的原因发生了不可预见的情事变更，致使合同的基础丧失或动摇，若继续维护合同原有效力则显失公平，从而允许变更或解除合同。

一方当事人违反合同约定的，应当承担违约责任。违约责任既是不履行合同义务者应该付出的代价，也是法律对权益受损一方给予的救济。根据合同法的规定，权益受损方可以要求从继续履行合同、赔偿损失、采取补救措施、支付违约金等方式中选择一种或几种。

作为中职学生，我们一定要树立合同意识。

在经济交往中，应该重合同，守信用，自觉履行合同义务。

我们要学会采用书面合同的形式参与民事活动。书面合同既有助于督促双方当事人履行义务，还可以作为仲裁机构、司法机关处理合同纠纷的有力凭证。

我们还要学会利用担保确保合同的履行。我国合同法规定的担保方式有保证、抵押、质押、留置和定金五种。它是促使债务人履行债务，保证债权人实现债权的保障措施。

保证——是指保证人和债权人约定，当债务人不履行债务时，保证人按照约定履行债务或者承担责任的行为。这是典型的人保和预定担保。

定金——是在合同订立或在履行之前支付的一定数额的金钱作为担保的担保方式，又称保证金。

## 五、创建幸福家庭

### (一)公民依法享有婚姻自由

**生活与法**

表哥小刚与表妹小华年龄相差无几，从小到大读书都是同学，总是形影不离。初中毕业后，两人外出打工，为省房租合租一房，在互相照顾中感情迅速升温。两人向父母提出结婚请求，双方父母出于“亲上加亲”的想法均未表示反对。随后，两人到婚姻登记部门办理结婚登记，婚姻登记部门得知两人是表兄妹，遂以有碍后代健康为由拒绝办理结婚证。“我们结婚不是为了要孩子！”小华当即到医院做了绝育手术。数月后，两人再次办理结婚登记，但仍遭拒绝。小刚认为，婚姻登记部门不办理结婚登记，干涉了他们婚姻自由。

查阅婚姻法，说说结婚必备的条件和禁止条件分别是什么？

婚姻是男女双方按照法律规定的条件和程序，确立婚姻关系的重要民事行为。结婚必须符合法定的条件：结婚必须男女双方自愿；男女双方必须达到法定婚龄(男不得早于22周岁，女不得早于20周岁，晚婚者应予以鼓励)；结婚必须符合一夫一妻制。但我国婚姻法第七条规定，有以下情形之一的，禁止结婚：(1)直系血亲和三代以内旁系血亲；(2)患有医学上认为不应该结婚的疾病。合法的婚姻，受到法律的保护。

直系血亲——是指具有直接关系的亲属，即生育自己和自己所生育的上下各代亲属。如父母与子女、祖父母与孙子女、外祖父母与外孙子女等。

三代以内的旁系血亲——是指在血缘上和自己同出于三代以内的亲属，包括：(1)同源于父母的兄弟姊妹(含同父异母、同母异父的兄弟姊妹)，即同一父母的子女之间不能结婚。(2)同源于祖父母、外祖父母的表兄弟姐妹和堂兄弟姐妹，即自己和父母的姐妹的孩子不能结婚。(3)不同辈的叔、伯、姑、舅、姨与侄(女)、甥(女)，即男性不能和兄弟姐妹的女儿结婚；女性不能和兄弟姐妹的儿子结婚，反过来就是不能和父母的亲兄弟姐妹结婚。

禁止结婚的疾病——主要是指麻风病、花柳病、精神病、有生理缺陷而不能性交、先天性痴呆以及其他已被证明不应结婚的传染病或遗传性疾病等。

结婚除必须符合法律规定的条件外，还必须履行法定的程序。结婚登记是结婚的必经程序。登记程序分为申请、审查和批准三个步骤。申请，指双方亲自到一方户口所在地的婚姻登记机关申请结婚登记。审查，指婚姻登记管理机关对当事人出具的证件和证明材料进行审查，查明结婚申请是否符合结婚条件。批准，指婚姻登记机关对符合结婚条件的，即时予以登记，发给结婚证。如果不符合结婚条件，婚姻登记机关将不予登记，同时要说明理由。

我国婚姻法规定，实行婚姻自由。禁止包办、买卖婚姻和其他干涉婚姻自由的行为。我国婚姻法还规定，如果男女双方自愿离婚，准予离婚。

### (二)夫妻关系

领到了结婚证，夫妻关系就正式成立。夫妻关系是家庭关系中最重要的关系，包括人身关系和财产关系。

婚姻实质上是伦理关系。婚姻是具有法定意义的伦理性的爱。

——黑格尔

承担义务是幸福而持久的婚姻关系的基础。

——佛罗伦萨·伊萨克斯

人身关系是夫妻双方在家庭中的人格身份、地位等方面的权利义务关系，主要体现在：夫妻在家庭中地位平等，夫妻双方都有各用自己姓名的权利，子女可以随父姓也可以随母姓，夫妻双方都有参加生产、工作、学习和社会活动的自由，夫妻双方都有实行计划生育的义务，夫妻有相互忠实的义务，禁止家庭暴力等。

夫妻财产关系是指由夫妻人身关系所引起的直接体现一定经济内容的财产方面的权利义务关系。主要包括夫妻财产所有权、夫妻间相互抚养的权利及义务、夫妻遗产继承权。其中夫妻财产所有权是夫妻财产关系的核心，主要包括夫妻共同财产、夫妻个人财产和夫妻约定财产。

郑某(男)与秦某十年前结婚。婚后郑某的姑姑送给他们一架钢琴,但郑某不喜欢音乐,从来未动过钢琴,秦某倒经常弹奏钢琴。秦某认为丈夫缺少情趣、不懂得生活,郑某认为秦某太现代,不是理想中的妻子,双方最终协议离婚。对离婚及其他财产的处理双方均无争议,但却对价值一万元的钢琴归属产生了分歧。秦某认为这架钢琴尽管是郑某姑姑给郑某的,但是是在婚后给的,所以应视为夫妻共同财产平等分割。郑某认为尽管钢琴是在婚后取得的,但是钢琴是姑姑赠与自己的,所以应属个人财产,秦某无权分割。

该案中钢琴究竟该怎样处理呢?

我国婚姻法第十七条规定,夫妻在婚姻关系存续期间所得的以下财产,归夫妻共同所有:(一)工资、奖金;(二)生产、经营的收益;(三)知识产权的收益;(四)继承或赠与所得的财产,但本法第十八条第三项规定的除外;(五)其他应当归共同所有的财产。夫妻对共同所有的财产,有平等的处理权。

我国婚姻法第十八条规定,有下列情形之一的,为夫妻一方的财产:(一)一方的婚前财产;(二)一方因身体受到伤害获得的医疗赔费、残疾人生活补助等费用;(三)遗嘱或赠与合同中确定只归夫或妻一方的财产;(四)一方专用的生活用品;(五)其他应当归一方的财产。

夫妻约定财产是指法律允许双方以协议之方式,对夫妻在婚姻关系存续期间所得的财产所有权的归属、使用、收益和处分的事项作出的约定。

### (三)树立家庭观念,创建幸福家庭

游子吟

唐　孟郊

慈母手中线,游子身上衣。
临行密密缝,意恐迟迟归。
谁言寸草心,报得三春晖。

责任就是对自己要求去做的事情有一种爱。

——歌德

要建设好一个家庭,需要这个家庭里的每个人的共同努力;而要毁掉这个家庭,只需要其中的任何一个人。

——黑格尔

体会上述诗词和名言蕴含的道理,联系实际,谈谈如何树立家庭观念,创建幸福家庭?

父母、子女、夫妻、祖父母、外祖父母、孙子女、外孙子女……这些亲属关系构成了家庭关系。我国婚姻法规定，父母对子女最重要的义务就是抚养和教育。抚养，是父母为子女的生活、学习等提供物质条件，在生活上对其加以妥善照料。我国推行九年义务教育，父母必须让适龄子女按时上学，接受九年义务教育。

父母还有保护和教育未成年子女的义务。父母要保护子女的人身安全和健康，保护子女的财产权益。由于未成年子女懵懂无知，父母要对子女的行为加以约束和引导，对子女的错误进行批评和教育。在未成年子女给国家、集体或他人造成损害时，父母有承担民事责任的义务。

成年子女有对父母赡养扶助的义务。无论是在道德上，还是在法律上，赡养父母，为父母提供物质上、精神上、生活上的关心、帮助和照料，让他们安度晚年，都是为人子女不可推卸的责任。

还有什么比父母心中蕴藏着的情感更为神圣的呢？父母的心，是最仁慈的法官，是最贴心的朋友，是爱的太阳，它的光焰照耀、温暖着凝聚在我们心灵深处的意向。

——马克思

我国婚姻法还规定，父母和子女有相互继承遗产的权利，且互为第一顺序继承人。继承方式主要有两种：一是法定继承，即依照法律的规定而取得；二是遗嘱继承，按照继承人的指定而取得。

我们中职学生要牢固树立家庭观念，正确理解家庭成员的权利和义务，为创建幸福家庭尽责任。托尔斯泰说过“幸福的家庭都是一样的，不幸的家庭却各有各的不幸”。幸福的家庭的共性是拥有以下要素。

第一，童心。其实只有童心未泯，青春才会永驻，爱情、亲情、友情才可历久弥新，所以最好能多保留一点天真、单纯、多拥有一点爱好、好奇心。我们在外面尽管当“正人君子”，可回到家，大门一关就最好当一个永远的孩子。

第二，浪漫。不少中国家庭太注重实际而缺少浪漫。不要以为浪漫无非就是献花、跳舞，不要以为没有时间、没有钱就不能浪漫，要知道，浪漫的形式是丰富多彩的、多种多样的。

第三，幽默。说话幽默能化解、缓冲矛盾和纠纷，消除尴尬和隔阂，增加情趣与情感，让一家人其乐融融。

第四，沟通。家人之间要学会沟通。相互闭锁，只能导致隔阂或误会加深，长期压抑等于积累恶性能量，一旦爆发，破坏性更大。家人间正常的做法应该是加强沟通，有意见、不快应该诚恳、温和、讲究策略地说出来，并经常主动地了解对方的想法。吵架也不一定是坏事，毕竟它也是一种沟通的手段，只是应该就事论事，别进行人身攻击。

第五，欣赏。人们经常用欣赏的眼光看待自己的孩子，所以总觉得“孩子是自己的最好”；又因为常用挑剔的眼光看配偶，所以总认为老婆（丈夫）是别人的好。用不同的眼光去评价同一件事，结论会大相径庭。如果你不假思索就能数出配偶的许多缺点，那么你多半缺少欣赏的眼光。如果你当面、背后都只说配偶的优点，那么，你就等于学会了爱，并能收获到爱。

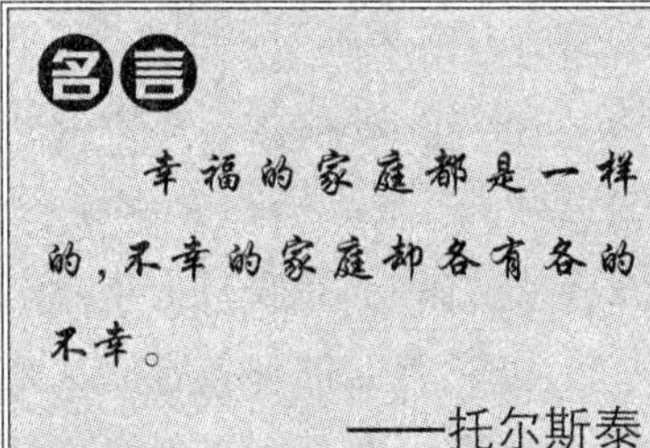


古往今来，家庭的幸福是每个人的期盼。我们作为子女，要热爱家庭，从小严格要求自己，承担力所能及的事，学会自律，理解、尊重、关心和孝敬父母，依法承担对家庭、对家人的责任。幸福家庭的创建是我们每一个家庭成员义不容辞的责任。

### 实践探究

一、近年来，购物遭搜身，小偷被游街……类似侵犯公民人身权的案例不时见诸媒体，请收集一些典型的民事案例，并结合所学民法知识，给以点评。

二、以案学法

某果品公司因市场上西瓜脱销，向新疆某农场发出一份传真：因我市市场西瓜脱销，不知贵方能否供应。如有充足货源，我公司欲购十个冷冻火车皮。望能及时回电与我公司联系协商相关事宜。农场因西瓜丰收，正愁没有销路，接到传真后，喜出望外，立即组织十个车皮货物给果品公司发去，并随即回电：“十个车皮的货已发出，请注意查收。”在果品公司发出传真后，农场回电前，外地西瓜大量涌入，价格骤然下跌。接到农场回电后，果品公司立即复电：“因市场发生变化，贵方发来的货，我公司不能接收，望能通知承运方立即停发。”但因货物已经起运，农场不能改卖他人。为此，果品公司拒收，农场指责果品公司违约，并向法院起诉。

试分析：

1. 本案的纠纷是因谁的原因导致？

2. 此案应如何处理？为什么？

## 第十二课　依法进行生产经营

我们中职学生，很快就会告别校园走上就业或创业之路。作为就业者，如何依法签订劳动合同？作为劳动者，如何维护自己的劳动权利？作为创业者，该如何公平竞争、守法经营？作为在校学生，又该如何为节约资源、保护环境作贡献？

通过本课的学习，我们将学到依法签订劳动合同、劳动维权、企业经营、保护资源和环境等相关的法律知识，理解节约资源和保护环境的基本国策，提高学法、用法、依法从事职

业活动的能力。

## 一、依法维护劳动者的合法权益

### (一)学会依法签订劳动合同

服装设计与制作专业毕业的中职生小王经过某服装有限公司面试、口试、笔试后，顺利被聘。小王提出签订一年的劳动合同，公司人力资源部经理却对她说：“按照公司的规定，凡是新招用的职工要先签订三个月的试用合同，试用期过后且合格者才能签订正式的劳动合同。”小王认为该公司的做法违反了法律的规定，于是到当地劳动监察大队举报。监察大队根据调查的事实，依据劳动法和劳动合同法的规定，责令该公司立即纠正违法行为，并责令其三十日内与新招用的职工签订劳动合同。

分析上述案例，说说对我们中职生今后就业的启示。

为了维护劳动者权益，促进就业，改善劳动条件，构建和谐的劳动关系，我国先后制定并颁布了一系列的劳动法律法规，从而规范了劳动力市场，为公民的劳动权益提供了法律保障。

建立劳动关系，应当依法订立劳动合同。劳动合同是劳动者与用人单位确立劳动关系，明确双方权利和义务的协议。一旦发生劳动争议，劳动合同就是劳动仲裁和解决劳动争议的重要依据。劳动合同分为固定期限劳动合同、无固定期限劳动合同和以完成一定工作任务为期限的劳动合同。

生活与法

赵某是某出租汽车公司司机。2008 年，该公司与其签订承包合同。合同规定：赵某每年向单位上交承包利润后，本人的病、伤、残、亡等企业均不负责。在一次交通事故中，赵某负伤致残。赵某和该公司发生了争议并起诉到当地劳动行政部门，要求解决其伤残保险待遇问题。

赵某与汽车公司签订的劳动合同具有法律效力吗？

订立劳动合同应当遵循合法、公平、平等自愿、协商一致、诚实信用的原则。只有依法订立的合同才具有法律效力。

建立劳动关系，应当订立书面劳动合同。已建立劳动关系、未同时订立劳动合同的，应当自用工之日起一个月内订立书面劳动合同。合同至少一式两份，双方各执一份。订立劳动合同时，劳动者要了解和审查用人单位的主体资格、缴纳社会保险、工资制度、提供劳动保护条件、劳动合同是否属于一边倒的霸王格式合同、劳动纪律等情况。用人单位不得扣押劳动者身份证件和学历证件等，不得要求劳动者提供担保或者以其他名义收取财物。

根据劳动法及有关法规的规定，订立劳动合同的主要程序有以下几个方面。

(1)自愿报名，提交证明文件。在有组织的招工考试中，参加考试的人员可以自愿报名，选择自己认为合适的工种。

(2)全面考核，择优录用。各用人单位招用或个别录用职工时，应对应招人员的德、智、体进行全面考核，其考核内容和标准，可以根据生产、工作需要有所侧重。这样做，对提高招工质量，保证生产，克服招工中的不正之风，促进青年学习有重要的意义。

(3)填写新职工审批表，报请市、县人民政府劳动部门审批，并由审批部门发给新职工录用通知书。

(4)被录用者提交报到文件和其他证明文件。被录用者在向录用单位报到时，应提交报到文件，经录用单位审查后，才准许报到，由录用单位发出任职通知书。

(5)用人单位向被录用者介绍拟订劳动合同的内容和要求。在订立劳动合同以前，用人单位应当向新招收录用的职工如实地、详细地介绍拟订劳动合同的条款内容、涉及的有关情况以及签订劳动合同的要求。用人单位还有义务回答招用职工的询问、意见和要求。

(6)双方协商一致，签订劳动合同。用人单位与新招用的职工依法就劳动合同的条款经过协商，取得一致意见，达成协议，并经双方签字盖章，劳动合同即告成立。

(7)办理法定手续。有些用人单位在招用特定工时，应报企业主管部门和当地劳动部门备案。如全民所有制矿山、建筑、交通、铁路、邮电等用人单位招用轮换工或合同制工人时，同农民本人或其所在县、乡有关部门签订劳动合同后，应报企业主管部门和当地劳动部门备案。

**生活与法**

“遵守公司的各项规章制度”，小胡应聘在一家汽车4S店，当他在合同上看到这样的表述时，没有丝毫的疑虑，学校一直就是这样要求的，到了单位上也该遵守各种规定。上班以后，小胡发现，这里的工作紧张程度很高。有时候一周工作7天，平均每天10个小时以上，他谈过几次女朋友都因工作忙而告吹，小胡找了个机会提出能不能少加点班，经理却从抽屉里翻出《员工守则》给他看，上面白纸黑字写着：“工作需要加班，员工不得请假。”

小胡这才认认真真读了守则，并发现还有一些苛刻的条款：“两年内不得结婚”、“女员工三年内不得生育”等。

上述案例告诉我们在就业签订合同时应该注意些什么？

订立书面劳动合同应具备以下必备条款：用人单位的名称、住所和法定代表人或者主

要负责人；劳动者的姓名、住址和居民身份证或者其他有效身份证件号码；劳动合同期限；工作内容和工作地点；工作时间和休息休假；劳动报酬；社会保险；劳动保护、劳动条件和职业危害防护；劳动合同终止的条件、违反劳动合同的责任等法律、法规规定应当纳入劳动合同的其他事项。除前面这些必备条款外，用人单位与劳动者可以约定有关试用期、培训、保守秘密、补充保险和福利待遇、劳动争议解决办法等其他事项。

我国劳动合同法第十九条规定，劳动合同期限三个月以上不满一年的，试用期不得超过一个月；劳动合同期限一年以上不满三年的，试用期不得超过二个月；三年以上固定期限和无固定期限的劳动合同，试用期不得超过六个月。

同一用人单位与同一劳动者只能约定一次试用期。

以完成一定工作任务为期限的劳动合同或者劳动合同期限不满三个月的，不得约定试用期。

试用期包含在劳动合同期限内。劳动合同仅约定试用期的，试用期不成立，该期限为劳动合同期限。

### (二)劳动者的权利和义务

**案例一**

女职工李某为某一科技公司软件设计员，工资为8000元/月，她发现自己怀孕后，为了避免过长时间的电脑辐射给腹中婴儿造成伤害，便申请调换工作岗位，因公司没有其他合适岗位，便安排其赋闲在家，每月支付其该地最低工资标准640元/月。

**案例二**

许某是天景商贸公司的一名销售员。由于业务繁忙，公司多次要求许某加班，并且威胁如不加班将会把他辞退。许某在8月份有20个工作日，平均每个工作日工作时间达到10个小时以上，并且连续两个周末没有得到休息。在月底领取工资时，许某发现公司没有支付给他应有的加班费，只是给予了少量的误餐费。

上述案例中有哪些地方出现了侵犯劳动者权利的现象？

根据劳动法的规定，劳动者主要享有以下权利：劳动者享有平等就业和选择职业的权利、取得劳动报酬的权利、休息休假的权利、获得劳动安全卫生保护的权利、接受职业技能培训的权利、享受社会保险和福利的权利、提请劳动争议处理的权利、依法参加和组织工会的权利以及法律规定的其他劳动权利等。

在我国，劳动者享有广泛的权利，也承担相应的义务。根据法律，劳动者的义务包括：劳动者应当完成劳动任务、提高职业技能、执行劳动安全卫生规程、遵守劳动纪律和职业道德等。权利和义务总是对应的，劳动本身就是权利和义务的统一。我们是未来的职业人，一定要增强劳动者的权利和义务意识。

劳动是社会中每个人不可避免的义务。

——卢梭

### (三)劳动者的权益的维护

黄某经某炼钢厂招工录用为锅炉工。由于锅炉老化，锅炉发生爆炸，正在炉前工作的黄某被当场炸成重伤，经抢救诊断，70%以上的皮肤均为一级烧伤。黄某家属要求炼钢厂支付黄某的医药费，并给予经济上的赔偿。厂方在支付完黄某的抢救费用后便拒绝支付其他费用。理由很简单：黄某进厂时没有签订书面劳动合同，属厂里临时工，医疗费用自行解决。

黄某应该怎样维护自己的合法权益呢？

劳动者要依法维护自己的权益，必须要学习相关法律知识，如劳动法、劳动合同法、仲裁法、工伤保险条例等，重视劳动合同在维护个人合法权益中的依据作用，增强法律意识，尤其是合同意识和依法维权意识。

劳动者要依法维护自己的权益，要熟悉解决劳动争议的基本途径和措施。我国法律规定了解决劳动争议的四种基本形式。

协商解决，是通过劳动关系当事人双方互谅互让协商解决纠纷的一种形式。但通过协商达成的和解协议不具有法律约束力。

协商不成功，可以申请调解，一般是向企业劳动争议调解委员会提出，调解达成协议的，应当制作调解协议书。调解协议书对双方当事人具有约束力，当事人应当履行。

如果劳动者不愿意协商和调解，或者对协商和调解的结果不满意，可以向劳动合同履行地或者用人单位所在地的劳动争议仲裁委员会申请仲裁，发生效力的仲裁裁决与人民法院判决的效力同等。

劳动仲裁委员会对当事人的仲裁申请不予受理，或者当事人对仲裁裁决不服的，可以自收到不予受理的通知书或裁决书十五日内向人民法院提起诉讼。诉讼是解决劳动争议的最高保障和形式。

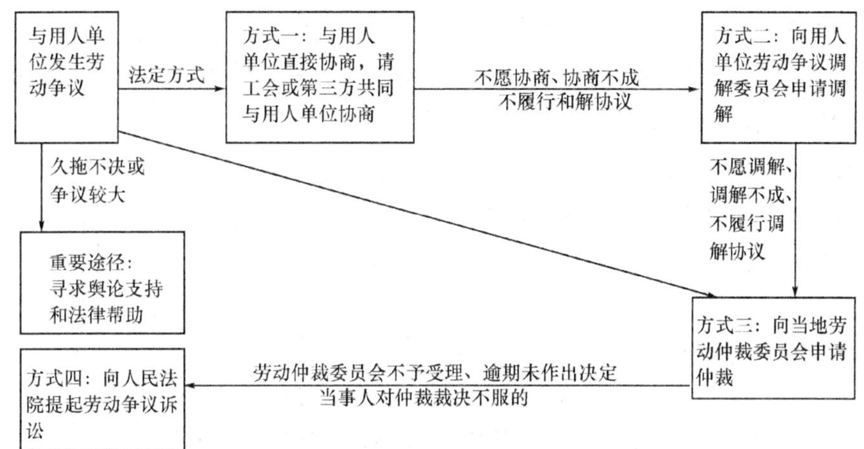


对于复杂或久拖不决的劳动争议案件，寻求媒体舆论支持和法律帮助往往是依法维护个人合法权益的重要途径。法律帮助主要有法律服务和法律援助，法律援助是国家保障经济困难的公民获得必要法律服务的一项重要措施。

## 二、依法经营

### (一)依法设立企业

甲、乙、丙三人筹划由甲出资设立一家电脑咨询服务有限责任公司，公司主营计算机软件开发，兼营计算机销售。听说新《公司法》规定有限责任公司注册资本最低限额为人民币 3 万元，便由甲出资 3 万元，到工商局申请登记，但被驳回。后又重定章程，出资方式上改为由甲以货币出资 3 万元，乙、丙以计算机软件开发技术出资，各折价 10 万元，共 23 万，又去申请登记。

请问，他们第二次公司注册能成功吗？为什么？

相当部分中职生踏入社会后，经过就业、择业，最后走上了创业之路。这就不可避免地遇到设立企业的条件、程序等相关法律问题。企业是依法设立的专门从事商品生产、流通和服务等经营性活动，以盈利为目的的经济组织。

设立企业必须具备法律规定的基本条件。例如，要有符合法律规定的名称，要有企业章程或协议，要有符合法律规定的资本，要有必要的生产经营场所，要有健全的组织机构和与其生产经营规模和业务内容相适应的从业人员，经营范围要符合法律规定。

根据不同的标准，企业可以划分为不同的类型，不同类型的企业，具体的设立条件由相关法律作出规定。按照企业的法律属性，可以分为法人企业、非法人企业；按照企业的组织形式，可以分为全民企业、集体企业、个人独资企业、合伙企业、中外合资企业、外商独资企业、公司制企业。

设立企业还必须遵循法定程序，设立合伙企业和个人独资企业需要申请人按要求向登记机关提交申请材料，由登记机关作出是否核准登记的决定。设立有限责任公司要经过缴纳出资和验资，进行公司名称预先核准，向公司登记机关申请设立登记等程序。登记机关对设立申请文件进行核准，符合条件的予以登记，发给营业执照。

### （二）合法经营　公平竞争

**生活与法**

2003年8月，春花纸厂推出“玫瑰”牌餐巾纸，以每箱30元的价格投放市场后，其良好的质量赢得了广大消费者的青睐。与此同时，云兰纸厂的“沙龙”牌餐巾纸在市场上却无人问津。云兰纸厂面对严峻的市场形势，作出战略调整，以每箱28元的价格投放市场。因云兰纸厂的产品质量也不错，很快就赢得了一定的市场份额。2004年3月，春花纸厂将产品价格降为25元每箱。于是，双方打起了价格大战。2004年7月，云兰纸厂为了彻底击垮对手，作出了大胆决定，以低于成本价的每箱18元的价格投放市场，并同时优化纸质。2005年2月，云兰纸厂凭借其雄厚的实力终于将对手击垮。2005年2月19日，春花纸厂因产品滞销、财政困难而停产。

2005年3月13日，春花纸厂向人民法院提起诉讼，状告云兰纸厂的不正当竞争行为，并要求赔偿损失。

云兰纸厂的经营行为是合法经营、公平竞争吗？对我们今后的创业有何启示？

市场经济必然存在竞争，但不正当竞争有悖于市场经济公平竞争的原则，会导致市场经济秩序混乱，这既是不道德的，也是违法的。不正当竞争，是指经营者违反反不正当竞争法的规定，损害其他经营者的合法权益，扰乱社会经济秩序的行为。我国反不正当竞争法、产品质量法、广告法、消费者权益保护法等法律规范明确规定了经营者在经营活动中应当遵循公平竞争、诚实信用原则和公认的商业道德。

**生活与法**

某保温瓶厂在新闻发布会上公布了一条“惊世骇俗”的消息，他们说我国百姓几十年来一直使用的保温瓶胆存在着砒霜渗透的问题。他们为了弥补这一缺陷，经过几年的研制，生产出无毒的“金胆”，其产品安全、可靠，是保温瓶生产的一次革命。这一消息引起广大消费者的关注，很多商场也关心这一问题，大家纷纷打听如何购买所谓的“金胆”。这家企业又及时地发出广告，开展“金胆”换“银胆”的销售活动，消费者只要交两元人民币就可以用一个“银胆”换一个“金胆”，厂家大发其财。但是，与此同时，全

国各地的“银胆”销售受到影响，厂家大量积压产品。另外，很多外国商人闻听此讯，也纷纷向“银胆”厂家发出退货、解除合同等电文和传真。江苏某保温瓶厂“金胆”产品的宣传、广告及销售方法，冲击了其他生产保温瓶厂家的生产、经营，给这些企业造成了巨大的经济损失，触怒了许多生产“银胆”的厂家，纷纷要求工商行政管理部门、各级技术监督管理部门调查有关事实真相，为“银胆”平反。经过江苏省技术监督部门的技术鉴定，作出如下结论：一、普通的保温瓶所使用的“银胆”根本不存在砒霜渗透的问题；二、所谓的“金胆”和普通保温瓶使用的“银胆”在原材料、设计方法、外形、制造工艺等方面都完全一样。当地的工商行政部门经过调查也发现该保温瓶厂生产的所谓“金胆”实际上就是用换来的“银胆”冒充的。

鉴于此，有关部门作出如下处罚：一、责令该厂立即停止违法行为；二、在全国性的报刊上登报一个月，澄清事实真相，消除影响；三、赔偿“银胆”生产厂家的经济损失；四、处以二十万元的罚款。

请问，该保温瓶厂被处罚的法律依据是什么？

反不正当竞争法规定，经营者不得采用不正当手段从事市场交易，损害竞争对手，并明确列举了法律禁止的不正当竞争行为：市场混淆、商业贿赂、引人误解的虚假宣传、侵犯商业秘密、低价倾销、违反规定的搭售和有奖销售、商业毁谤、串通投标等。

某市某贸易公司为增加其销售的美体仪的知名度，在该公司门头上方和专卖厅墙面上发布了几幅广告，广告内容中写着“一次瘦 3 公分，30 小时保你有迷人身材”、“只用一次，就让你的腰腹瘦 2～3 公分；只用一次，就让你的粗腿变细 1～2 公分；只用一次，就让你的下垂的臀部上翘 10～15 公分”等字样，经查实，该公司销售的家用美体仪根本达不到广告中所宣传的效果，引起众多消费者的投诉，属引人误解的虚假宣传，该市工商分局依法对其作出责令停止违法行为并罚款 14000 元的行政处罚。

在生活中，你还遇到哪些类似的虚假广告？

企业能随便发布广告吗？

时下，人们参与经济活动意识增强，一些不法分子利用虚假广告频频得逞。我国反不正当竞争法规定，经营者不得利用广告或者其他方法，对商品的质量、制作成分、性能、用途、生产者、有效期限、产地等作引人误解的虚假宣传；广告的经营者不得在明知或者应知的情况下，代理、设计、制作、发布虚假广告。

### (三)质量是企业的生命

2008 年 6 月 28 日，位于兰州市的解放军第一医院收治了首例患“肾结石”病症的婴幼儿，据家长反映，孩子从出生起就一直食用河北石家庄三鹿集团生产的三鹿婴幼儿奶粉。质检总局负责会同有关部门对市场上所有婴幼儿奶粉进行全面检验检查，全国共对 109 家企业进行了排查，共检验了这些企业的 491 批次产品。专项检查显示，有 22 家企业 69 批次产品检出了含量不同的化工原料三聚氰胺。“三鹿牌婴幼儿配方奶粉”事故是一起重大的食品安全事故，一个血的教训。危害性大，影响恶劣，后果十分严重。12 月 23 日，法院宣布三鹿集团破产。12 月 31 日，法院开庭审理了三鹿集团股份有限公司及田文华等 4 名原三鹿集团高级管理人员被控生产、销售伪劣产品案。

“三鹿奶粉事件”给我们哪些启示？

产品质量是企业的生命，是企业生存之本、发展之本，决定了企业能否在激烈的市场竞争中生存和发展。产品质量也与人们的生活、工作息息相关。产品质量出了问题，轻则造成经济损失，重则导致人员伤亡、企业破产，给个人、家庭、社会和国家带来灾难。为了保护消费者合法权益，维护社会经济秩序，促进社会主义市场经济健康发展，我国先后制定了一系列的专门法律，如产品质量法、消费者权益保护法、食品安全法等。

我国产品质量法规定，生产者应当对其生产的产品质量负责，使产品具备应当具备的使用性能，不可存在危及人身、财产安全的不合理的危险；产品或者其包装上的标识必须真实。销售者应当建立并执行进货检查验货制度，验明产品合格证明和其他标识；应当采取措施，保持销售产品的质量。

产品质量的好坏，在一个重要方面反映了民族的素质。

——江泽民

**生活与法**

因甲公司生产的真空食品袋质量不合格，造成乙公司生产的 200 箱蛋糕变质，损失 14000 元。该批食品由丙、丁两家商场出售，在出售的过程中丙商场利用消费者的消费心理，在提高产品价格一倍的基础上采取了有奖销售活动，很快食品全部卖完；丁商场也售出了一半，但是，购买者回到家后发现该食品已变质，遂要求赔偿。

甲、乙、丙、丁在本案中有无法律责任，为什么？

因产品存在缺陷造成人身、他人财产损害的，受害人可以向产品的生产者要求赔偿，也可以向产品的销售者要求赔偿。因产品存在缺陷造成受害人人身伤害的，侵害人应当

赔偿医疗费、治疗期间的护理费、因误工减少的收入等费用；造成受害人残疾的，还应当支付残疾者生活自助具费、生活补助费、残疾赔偿金以及由其扶养的人所必需的生活费等费用；造成受害人死亡的，还应当支付丧葬费、死亡赔偿金以及由死者生前扶养的人所必需的生活费等费用。

在产品中掺杂、掺假，以假充真，以次充好，或者以不合格产品冒充合格产品的，产品质量监督部门应责令该企业停止生产、销售，没收违法生产、销售的产品，并处违法生产、销售产品货值金额百分之五十以上三倍以下的罚款；有违法所得的，并处没收违法所得；情节严重的，吊销营业执照；构成犯罪的，依法追究其刑事责任。

作为经营者，无论是生产者还是销售者，都应当树立质量意识、服务意识，提高产品质量和服务质量。做到服务和盈利共赢，既有利于保护消费者的合法权益，也有利于经营者把自己品牌做优做强。经营者在提供服务时，应保证服务对象的知情权，在服务态度、服务技巧、服务效果上精益求精，避免因服务质量差而给他人造成人身、财产等方面的损害。

在市场竞争激烈的社会中，企业要想拥有一定的良性发展空间，除了产品质量要严格把关之外，同时还要有一套完善的产品服务，所以培养服务意识至关重要，员工的服务意识提高了，服务质量也就自然提高了。

作为中职生，我们是准职业人的身份。我们一定要树立依法经营的观念，牢固树立质量意识，追求产品和服务的高质量。谨记：质量是企业的生命！

## 三、依法保护资源环境

### （一）我国的环境问题和资源形势

据有关资料显示，一节一号电池烂在土地里，能使1平方米的土壤失去耕地价值；一粒纽扣电池可以使600吨水受到污染，而这600吨水相当于一个人一生的用水量。若将废旧电池混入生活垃圾一起填埋，或者随手丢弃，渗出的汞等重金属物质就会渗进土壤，污染地下水，进而影响到和人类息息相关的动物和植物，破坏人类的生存环境，并最终危及人类的健康。

分析上述材料，想想生活中还有哪些危及人类健康的环境问题？

环境是指人类赖以生存和发展的各种自然因素的综合体。环境问题是环境污染与生态危机的统称。随着世界范围工业化进程的加快和人口总量的激增，环境污染更加严重，资源消耗加剧，生态危机不断升级。

在我国继续全面建设小康社会、发展中国特色社会主义的新阶段，经济发展与环境保护的矛盾更加凸显。我国环境问题形势严峻：总体在恶化，局部在改善，治理能力赶不上破坏的速度，生态压力增大。

名言

大自然是善良的母亲，也是冷酷的屠夫。

——雨果

人创造环境，同样，环境也创造人。

——马克思

大气污染

开垦耕地

水资源缺乏

长期以来，祖国地大物博的印象在我们脑海中定格，却忽视了人口基数大、人均水资源占有量低这些基本的国情。其实，我国是一个人均自然资源相对贫乏的国家：人均水资源占有量仅为世界平均水平的1/4，人均耕地不到世界平均水平的1/2，矿产资源只有世界平均水平的1/2，总体上资源紧缺是我国的基本国情之一。

现阶段，我国经济发展面临能源资源不足的问题，存在环境污染、生态退化等情况。造成目前我国生态环境不断恶化的原因是多方面的，有人口压力和能源资源不足的原因，有工业化加速、气候变化异常的原因，有市场经济体制、环保机制不成熟的原因。此外，也与人们的环保意识淡薄不无关系。所以我们必须增强节约资源和保护环境的意识，走可持续发展道路。

## (二)坚持节约资源和保护环境的基本国策

据统计,我国45种矿产资源人均占有量不到世界平均水平的一半,石油、天然气人均占有储量为世界平均水平的7%和4.5%……

2006年3月9日,"节约资源"与"保护环境"一起,首次作为基本国策被写入了国民经济和社会发展的五年规划。"十一五"规划的这个安排,意味着重要资源短缺的中国将摒弃依靠资源高消耗实现经济增长的发展路径,转向节约型发展模式。

2010年9月13日,在2010年夏季达沃斯论坛上,温家宝指出:"我们要坚持节约资源和保护环境,着力提高资源利用效率和应对气候变化的能力。节约资源和保护环境,是我们的基本国策,我们必须加快构建有利于节约能源资源和保护生态环境的产业结构、生产方式和消费模式,促进人与自然的和谐统一。"

分析理解上述材料,说说节约资源和保护生态环境的重要意义。

人口、资源、能源、环境和粮食已成为当今世界五大突出问题。为了合理利用自然资源和保护人类环境,我国确立了坚持节约资源和保护环境的基本国策,实施可持续发展战略,完善了环境与资源保护法律体系。

我国现行的环境与资源保护法律体系是把节约资源和保护环境基本国策落到实处的法律保障,是打击环境违法犯罪行为的有力武器。在我国宪法、刑法中关于环境与资源保护规定的基础上,国家又先后制定了环境保护法、大气污染法、海洋环境保护法、固体废物污染环境防治法、农药安全使用条例等一系列法律法规。环境违法要承担行政责任、民事责任,构成犯罪的,要承担刑事责任。

近年来,针对我国的环境、资源状况,我国还出台了多项节能环保的新政策、新举措。例如,在全社会开展节能减排行动,进行循环经济试点,鼓励开发风能、太阳能等可再生能源,发布"限塑令"、出台有偿使用塑料袋制度等。

我国土地、淡水、能源、矿产资源和环境状况对经济发展已构成严重制约。当前,我国要把节约资源、保护环境作为基本国策,发展循环经济,保护生态环境,加快建设资源节约型、环境友好型社会,促进经济发展与人口、资源、环境相协调;推进国民经济和社会信息化,切实走新型工业化道路,坚持节约发展、清洁发展、安全发展,实现可持续发展。

所谓可持续发展战略,是指实现可持续发展的行动计划和纲领,是多个领域实现可持续发展的总称。1992 年 6 月,联合国环境与发展大会在里约热内卢召开,会议提出并通过了全球的可持续发展战略——《21 世纪议程》,并且要求各国根据本国的情况,制定各自的可持续发展战略、计划和对策。1994 年 7 月 4 日,国务院批准了我国的第一个国家级可持续发展战略——《中国 21 世纪人口、环境与发展白皮书》。

可持续发展的核心思想是,经济发展、保护资源和保护生态环境协调一致,让子孙后代能够享受充分的资源和良好的资源环境。它所追求的目标是:既要使人类的各种需要得到满足,个人得到充分发展;又要保护资源和生态环境,不对后代人的生存和发展构成威胁。

### (三)保护环境,从我做起

2007 年 4 月 18 日早上,丹灶新农小学师生因空气刺鼻而感不适,上午 8 时有两名学生因吸入异常气体胸闷、呕吐,学校被迫停课一天。案件发生后,警方成立专案组展开侦查,经调查,发现苏某、江某、郭某三人、在丹灶境内非法偷排黑色含酚液体,将中山污染废料运到南海丹灶抛撒,导致发生重大环境污染事故,仅财产损失就达 110 多万元。法院认定 3 被告犯环境污染事故罪,判处有期徒刑并处罚金。

这个案例给我们什么警示?

任何破坏、污染环境的违法犯罪行为都将受法律的惩处。我们一定要提高环境保护意识,自觉抵制环境违法行为。无论是过去、现在,还是未来,也无论是家庭、社会、国家,还是世界,环境永远是我们的朋友,善待朋友,就是善待我们自己。

绿色餐饮标志

创建绿色学校

绿色社区

绿色正在成为一种时尚，为了更好地保护资源环境，我们现在应该通过自觉行动，为保护资源和环境作出贡献。例如，遵守有关禁止乱扔废弃物的规定，特别是不要乱扔废电池；在学习中，节省文具用品，杜绝浪费，浪费了用木材制造的铅笔，就等于毁灭了森林；尽量避免使用一次性饮料杯、泡沫饭盒、塑料袋和一次性筷子，减少垃圾的产生；不要随意捕杀野生动物，尤其不要吃人类的益友——青蛙；积极参加绿化植树活动，要爱护花草树木，不破坏城市绿化；尽可能用节能灯代替普通灯泡，它的耗电量只有普通灯泡的一小部分；携带自己的购物袋去购物，避免使用塑料袋；尽量以步代车或骑自行车，减少耗油、排污；节约用水，等等。这样，才能把环保落实到具体的行动上。

步入职业生涯后，在生产和经营活动中，我们更要严格遵守环境法、资源法等法律法规，避免污染、破坏环境。在工作中把好质量关，不出废品，节约资源。有条件的，要利用新技术或开发环保产品，生产节约资源、保护环境的新产品，为建设资源节约型社会和环境友好型社会作出更大的贡献。

必须切实保护环境和资源，不仅要安排好当代的发展，我们更要为子孙后代着想，绝不能吃祖宗饭，断子孙路，走浪费资源和走先污染，后治理的路子。

——江泽民

## 四、遵守行业法规

（本框的具体教学内容，根据相关专业和行业的特点由学校和老师自行确定。）

一、走访自己所在地的企业，了解企业的相关情况，如设立条件、经营状况、生产流程等。

二、拟签一份劳动者与用人单位的书面劳动合同，了解劳动合同的格式、内容及注意事项。

三、以“熟悉环保法律，选择绿色生活方式”为主题，以班级为单位，设计并组织一次公益绿色宣传活动。

# 参考文献

[1]中等职业学校德育课职业道德与法律教学大纲. 教育部职业与成人教育司,2008.

[2]朱力宇,张伟. 职业道德与法律. 北京:高等教育出版社,2009.

[3]苏建永,樊传明,吴兆方. 思想道德修养与法律基础. 北京:经济科学出版社,2010.

[4]谯宏昌,扈文华. 职业道德与法律. 北京:人民教育出版社,2009.

[5]课程教材研究所,思想政治课程教材研究开发中心. 职业道德与法律教师教学用书. 北京:人民教育出版社,2009.

[6]王换成. 职业道德与法律. 北京:知识出版社,2009.

[7]孙熙国. 生活与哲学. 北京:人民教育出版社,2008.

[8]胡秋江,李权. 法理学. 成都:四川人民出版社,1995.

[9]吴大英. 法律基本理论. 成都:四川人民出版社,1987.

[10]唐占蕴. 起诉与诉状. 北京:科学普及出版社,1993.

[11]谢善琼,罗继熙,雷桂之. 现代礼仪规范教程. 天津:南开大学出版社,2010.